吳汝鈞著

游戲三昧：禪的實踐與終極關懷

臺灣學生書局印行

自序

關心宗教與文化的人大抵都知道，禪以「教外別傳，不立文字，直指本心，見性成佛」為宗旨，在佛教這一宗教傳統中，別樹一幟，有獨特的表現。實際上，禪雖標榜「教外別傳，不立文字」，在佛教思想與實踐發展的脈絡中，它還是有所承傳的，它不能完全脫離佛教之外而自成一個獨立的學派。不留意這點，便不能了解禪的實踐與終極關懷，也不能了解它的本質。即是說，在思想上，它承接楞伽傳統的如來藏自性清淨心；在實踐上，它與般若系統所強調的無住心的不取不捨的妙用有密切的關連。它的本質亦只能從這兩點上來說。

禪的本質在那無住心或無住的主體性的動進性(dynamism)，或那動進的(dynamic)無住心或無住的主體性。它的表現，則在這動進的無住心對世間的不取不捨的妙用中見，而禪即在這妙用中，轉化了衆生，成就了世間。這種表現，在禪門稱為「游戲」，更完整地說，是「游戲三昧」。

游戲三昧概括了禪的實踐與終極關懷；這是禪的全幅表現，整全的面貌。禪者或覺悟者以三昧為基礎，在世間自在無礙地進行種種教化、點化、轉化的功夫，對於不同情境、條件的衆生，皆能自在地拈弄，以適切的手法去回應，使他們都得益，最後得到覺悟。禪者運用種種方便法門，總是那樣揮灑自如，得心應手，了無滯礙，仿如游戲，完全沒有侷束的感覺。

三昧是梵語 samādhi 的音譯，意譯為禪定。這本是一種使意志集中起來，不向外散發的修行。在三昧的修習中，修行者所關心的，是如何強化自己的意志，使如金剛石般堅住，不對外界起分別意識，不與外界作主客的對立，不爲外在的感官世界所吸引誘惑。在整個修習過程中，意志的純化是最重要的功課。在方法上，這功課需要在清淨和寂靜的環境中進行，因而它予人的靜態感也不能免。這是心靈的凝定階段。這階段過後，純化的工夫完成了，心靈便可從凝定的狀態中躍起，在世間起種種作用，教化衆生。

禪的游戲，必須以三昧爲基礎，否則意志不易把持得住，易流於蕩漾；三昧亦必須發爲游戲，否則，在三昧中所積聚的功德，便無從表現出來，發揮其作用。游戲是動的，三昧則偏於靜的，兩者結合，而成游戲三昧，卽是動靜一如的狀態。通常說「禪寂」、「禪坐」，是傾向於三昧一面，靜態的意味重。「禪機」則是禪祖師的大機大用，這是游戲一面，純然是動態。「禪趣」則介乎游戲與三昧之間，有動又有靜也。

要注意的是，游戲三昧是一種整全的禪實踐的表現。它不能截然地分開爲游戲與三昧兩段，而以游戲指禪的動感，以三昧指禪的靜感。游戲是在世間進行自在無礙的教化、轉化工夫，三昧則作爲游戲的基礎，以修行者的專一的堅強意志，把游戲貞定下來，不使泛濫。在禪人的游戲中，三昧早已隱伏於其中，發揮它的殊勝的力量了。

慧能在《壇經》提到游戲三昧，他說：

> 若悟自性，亦不立菩提涅槃，亦不立解脫知見。無一法可得，方能建立萬法。若解此意，亦名佛身，亦名菩提涅槃，亦名解脫知見。見性之人，立亦得，不立亦得，去來自由，無滯無礙，應用隨作，應語隨答，普見化身，不離自性，卽得自在神通，游戲三昧，是名見性。（《大正藏》四八・三五八下）

「無一法可得」是不執取於任何一法，這是不取；「方能建立萬法」是積極地成就世間法，這是不捨。禪心的活動，必須是對世間諸法不取不捨。這裏對游戲三昧，有較細緻的發揮：「去來自由，無滯無礙，應用隨作，應語隨答，普見化身，不離自性，卽得自在神通。」由「去來自由」至「普見化身」，都是說游戲，顯示禪人對世間的作用，都是揮灑自如，進退得宜；「應用隨作，應語隨答」，一切都那樣地得心應手。「不離自性」却是三昧的事。自性或本心本性必須經過三昧的艱難修行階段，才能挺立起來，表現堅貞無比的意志與耐性。

宋代南宗禪的無門慧開也曾這樣說游戲三昧：

參禪須透祖師關，妙悟要窮心路絕。……莫有要透關底麼？將三百六十骨節，八萬四千毫竅，通身起箇疑團，參箇無字。晝夜提撕，莫作虛無會，莫作有無會。如吞了熱鐵丸相似，吐又吐不出。蕩盡從前惡知惡覺，久久純熟，自然內外打成一片，如啞子得夢，只許自知，驀然打發，驚天動地。如奪得關將軍大刀在手，逢佛殺佛，逢祖殺祖。於生死岸頭，得大自在，向六道四生中，游戲三昧。（《大正藏》四八．二九二中－二九三上）

這是宗門對游戲三昧闡釋較爲詳盡而具體的文字。這裏把三昧的工夫，集中在對「無」的參究上。在這參究中，不起有、無的分別意識，不作主客、內外對立的想法，「內外打成一片」。這個工夫圓熟了，便能馬上有效地在世間游戲起用，破除衆生的種種執見與邪見，包括對佛、祖師的權威的執見在內。這裏特別強調，以三昧爲基礎的游戲，是要對着六道（天、人、阿修羅、畜牲、餓鬼、地獄）四生（濕生、煖生、化生、胎生）的輪迴界域作的，目的自然是要使衆生轉迷成悟，從輪迴世界的苦痛煩惱中脫却開來。這是禪的最高旨趣，終極關心。

游戲三昧的表現，顯示出禪的全幅的面目：從三昧的實踐到化度衆生、成就世界的終極目標。我卽在這種理解的脉絡下，以游戲三昧來命本書的名字。書中的各篇文字，都不同程度地反映禪的游戲三昧的表現。當然我們不能忘記，在游戲三昧中所表現的，自始至終都是那動進的不取不捨的無住心。動進的不取不捨的無住心是就本質言，游戲三昧是就表現言。若以體用的關係言，動進的不取不捨的無住心是體，游戲三昧是用。當然，游戲三昧自身亦可以說體用：三昧是體，游戲是用。但兩者都有那動進的無住心在貫串着。

游戲三昧顯示了禪的全幅的面貌，只有這種禪是眞正的禪法。這「眞」不是對「假」言，却表示完全之意。具體言之，它主要指慧能及他所傳的禪法，亦卽是南宗禪。印度的禪，強調山林中的靜坐瞑想，把心念淨化。這很明顯地是注意三昧一面，與世間有一段距離。達摩與早期的禪法，例如由慧可到弘忍，都強調淸淨心（如來藏自性淸淨心）的普遍性，以爲這是成就佛、如來的基礎，我們若能把它從種種客塵煩惱中體認出來，顯發開來，便成佛、成如來。這便是所謂如來禪。這種禪法仍是重視三昧一面，在實踐上以涵養、顯發淸淨心爲主，不太強調與世間的關係，特別是在世間起用一面，游戲的意味比較輕。北宗（神秀）的禪法，也是這個路向。慧能則替禪開出一個新的方向，新的天地。它強調三昧後的機用的表現，要在充滿汚濁與煩惱的世間，表現三昧的功德，自在游戲地拈弄種種法門，轉化衆生，使同享三昧的樂趣。這便是所謂祖師禪，是充滿動感的禪法，它的基礎，便是那對世間不取不捨的動進的無住的主體性。這種禪法有三昧一面，也有游戲一面，是全面的禪法。本書說游戲三昧，主要指這種禪法而言。我們以爲，只有這種禪法，才是完全的禪，才是眞禪，或圓禪。只強調三昧的禪法，是不完全的，是偏禪。本書所闡述的，是游戲三昧的禪法。

本書所收有關禪的文字，多是我最近期寫的。有些曾發表在一些學報、刊物中，有些則未有發表過。現在輯而成書，算是我學習和研究禪的心路歷程的一個總結。我以不取不捨的動進的心判禪的本質，以游戲三昧判禪的表現，特別是後者展示出禪的實踐與終極關懷。以下謹簡略地介紹一下本書所收各篇文字的大意及相互間的義理關聯。〈達摩及早期的禪法〉由我較早期寫的〈達摩禪〉（收入於拙著《佛教的概念與方法》，商務，一九八八）一文的補充和發展而成，論及我國早期禪的形態，它基本上是肯定一眞性或清淨心作爲成佛的依據，強調要讓它從客塵煩惱中顯發開來。這種禪是慧能禪的前奏，與後者有一定的距離，這距離在於它通過分解的方式，超越地確立一眞性或清淨心，因而與經驗的俗塵世間有隔離。〈壇經的思想特質——無〉是本書的一篇重要的文字，它確定慧能禪或南宗禪的哲學與實踐在一個無字：無之哲學與無之實踐。無指那對現象世界不取不捨的無住心，自身充滿動進性（dynamism）。這亦可說是南宗禪的本質，它有三昧與游戲兩面；三昧的功德表現於對世間衆生的妙用中，卽是游戲。〈壇經中神秀偈與慧能偈之哲學的解析〉是上一文字的補充，文中透過與北宗的神秀禪的對比，突顯出慧能禪的特點，特別是所謂「無一物」的深微的涵義。〈公案禪之哲學的剖析〉與〈「無厘頭」禪〉二文都是處理公案禪的。這種禪法是南宗禪發展至末期的表現，在公案中，我們可以看到祖師或師家如何善巧地運用種種方便，點化禪徒。他們的自在無礙的教法，仿如游戲，極富靈動機巧性。〈從哲學與宗教看寒山詩〉、〈十牛圖頌所展示的禪的實踐與終極關懷〉與〈游戲三昧：禪的美學情調〉三文，顯示禪如何突破平常的文字的限制，透過文學（偈頌）與藝術（繪畫）來展示禪修行的歷程、覺悟的消息與悟後的歸趨。最後一文更以禪的表現——游戲三昧，來說禪的美感。至於〈這不是禪，却是紅塵緣未了〉，則透過情執的虛妄性，以顯出達致圓熟的禪境的辯證歷程，最後一歸於游戲三昧。

游戲三昧：禪的實踐與終極關懷

目錄

達摩及早期的禪法

達摩（Bodhidharma，菩提達摩）是禪宗的初祖，但他是一個神秘的人物。有關他的事跡，可見於《洛陽伽藍記》、《楞伽師資記》及《續高僧傳》中。這些都是零散的記載。他對中國佛教以至中國思想文化的影響，非常巨大。這裏我們要根據較可靠的資料，研究他的禪法，也討論一下他與後來的禪思想的關連，特別是較早期的道信與弘忍的禪法。在此之前的慧可，也會提到。

一、達摩的資料

可能由於盛名的關係，很多作品都題爲達摩所撰。例如《絕觀論》、《破相論》、《悟性論》、《血脈論》、《易筋經》和那些甚麼武林秘笈。人們似乎要把他當作禪宗祖師外，也要捧他爲精通功夫的武林高手了。根據近代及現代學者的研究，一般認爲只有《二入四行》可確定爲達摩的撰作，或代表他的思想❶。實際上，《楞伽師資記》在引述《大乘入道四行》後，卽表示這是達摩親說❷。這《楞伽師資記》是早期禪史的重要資料，其說法應該可信。本文研究達摩的禪法，便是以這《二入四行》爲主。

要注意的是，這裏所謂「二入四行」，是指狹義的本論而言，不包括雜論在內。通常是把本論與雜論混雜在一起，不予以詳細分別的。我們以為，本論較能代表達摩的原意，雜論則不無其弟子的意思❸。在觀念上，兩者有顯著的不同。關於這點，參看下文。

又就目前所知，《二入四行》計有十一個本子❹。另外又收入於《大正藏》及《續藏經》中，很多日本方面的典籍，亦有收入，包括《鈴木大拙全集》。我們這裏所根據的，是載於《楞伽師資記》中者❺。

另一有關達摩禪法的資料是所謂《達摩禪師論》。這是關口眞大發現的一個敦煌本子，收入於關口氏所著的《達摩大師の研究》一書中❻。這是一個缺去首部的古本，寫於681 A. D.；全本只有一卷；一五二〇字。它的早期成立，增加它的重要性。特別是，它早於很多重要的禪資料，如《寶林傳》、《祖堂集》、《楞伽師資記》、《歷代法寶記》和古《壇經》。它還早於慧能、神秀的出現。在內容方面，關口氏認為，它與《二入四行》非常相近。這可總結為如下數點：

一、《達摩禪師論》的基本觀念是如來藏、自性清淨之理，這其實即是《二入四行》所說的眞性。兩者都是本來清淨。

二、兩論都強調此眞性之不能顯了，是由於為客塵妄想所覆蓋之故。

三、故吾人所應做的，是捨棄客塵妄想，回復清淨的眞性。

四、《達摩禪師論》強調無嗔之教，這實含有忍辱之意；這與《二入四行》所說的報怨行，是同一旨趣。後者認為吾人當前的苦痛，是過去惡業的結果；故吾人應以最大的忍耐承受之，而無怨訴。

不過，《二入四行》所重視的壁觀的實踐，在《達摩禪師論》中沒有提及。因此關口眞大認爲，《達摩禪師論》詳細地闡發了《二入四行》的部份內容；兩者應是同一作者❼。關口氏的意思是，若《二入四行》可以代表達摩的思想，則《達摩禪師論》亦應可代表達摩的思想。綜觀關口氏的論點，他顯然在強調《達摩禪師論》與《二入四行》的相同處或共通處，而忽略了兩者的相異處或不協調之點。不過，就思路言，我們還是覺得這部《達摩禪師論》代表達摩思想的可能性是很大的。

另外還有一上面提過的文獻的旁證。《楞伽師資記》在收入了《二入四行》後，謂：

此四行是達摩禪師親說。餘則弟子曇林記師言行，集成一卷，名曰《達摩論》也。❽

該書繼謂：

菩提師又為坐禪眾，釋楞伽要義一卷，有十二三紙，亦名《達摩論》也。❾

這第二本《達摩論》，很可能指《達摩禪師論》。關於這點，關口氏亦有述及❿。

另外一個文獻學的旁證是，《達摩禪師論》引述了不少經論的文字，包括《維摩經》、《勝鬘經》、《如來藏經》、《法句經》、《法華經》和《大智度論》。所引述者相當忠實原文；而在達摩時代未有出現的譯經譯論的文字，和當時未有運用的詞語，都沒有出現於該論中⓫。這顯示該論與其他佛教經論，沒有文獻學方面的矛盾。卽是，能引述的便引述，不能引述的便不引述。

關口眞大的結論是，《達摩禪師論》可以表示達摩的思想。他甚至以爲這古寫本的出現，就研究達摩的思想來說，較《續高僧傳》所收入的《二入四行》更爲重要⓬。這裏我們並未完全接受關口眞大的看法。如上所說，他相當強調這兩部作品的相通處。不過，我們以爲，對於研究達摩的禪法，這部敦煌出土的《達摩禪師論》不無參考價值，可以印證和補充《二入四行》的說法。以下我們論達摩的禪法，便以《二入四行》爲主，《達摩禪師論》爲輔。在這兩部著作有不協調的地方，我們基本上以《二入四行》爲準。

二、理入與眞性

《二入四行》以入佛道有多途，要約而言，則不外理入與行入。關於理入，《二入四行》謂：

> 理入者，謂藉教悟宗，深信含生凡聖同一真性，但為客塵妄覆，不能顯了。若也捨妄歸真，凝住壁觀，無自他，凡聖等一，堅住不移，更不隨於言教，此即與真理冥符，無有分別，寂然無名，名之理入。

所謂理入，應是在原理方面悟入。所悟入的，並不是外在的對象，而是衆生本來平等具有的眞性。這是內在的眞性，爲一切覺悟的根本。或者說，所謂覺悟，是體認到自己生命中本來具足的眞實之性，而顯發之。這應該是達摩禪的最基本觀念⑬。如何悟入這眞性呢？達摩的說法是「藉教悟宗」。教應該是經教，指經典而言⑭。藉著經典的教法，以悟入佛教的宗旨。這宗旨自然是指眞性⑮。

這裏有一個問題，值得留意。「含生凡聖同一眞性」明顯地是說衆生的本質，但達摩不以心說，而以性說（雖然在《二入四行》後面也說到心的問題）。心是主體，性是客體，主客分際不同。以性來說衆生（含生凡聖）的本質，有把這本質置定爲某種存有（being）的傾向。因爲性通常被認爲是不能活動的。心則不同，它是能活動的，能表現種種有功德涵義的作用。禪門後期盛言心，這是不同於早期的達摩之處。不過，達摩的性亦非與心全不相通。

現在的問題是，衆生旣本來具有眞性，何以在現實上仍是一個凡夫呢？達摩以爲，這是由於這眞性爲外在的對象與虛妄的想像所覆蓋，而不能顯發開來。故我們要「捨妄歸眞」，捨棄種種虛妄性，而回歸至眞性。這「捨妄歸眞」應該是修佛道的關鍵點，是大原則。如何「捨妄歸眞」？達摩提出的修行方法是壁觀。甚麼是壁觀？柳田聖山以爲，壁觀不是觀壁，而是像壁那樣地觀，甚至成爲壁那樣地觀。觀甚麼呢？觀空是也⑯。即是，修行者應像牆壁那樣堅固地、凝定地觀照空理。由此便能臻於與眞理（空理）爲一的無分別之境。

這裏也有一點，值得提出。「捨妄歸眞」與「壁觀」是實踐意義的。說到實踐，則必涉及一實踐者，或實踐主體，這實踐主體能生起作用，能起動，故需要就心來說。但達摩在這裏並未提到心，只在下面討論行入的問題時，才說「心無增減」，可見他對心的意識，還是比較淡的，他所較重視的，是性的問題。

現在讓我們把討論集中在眞性一觀念上。就宗教的立場言，這眞性是清淨的抑是染汚的？達摩雖未明言，但由「眞」一詞，似可表示清淨之意。在這方面，《達摩禪師論》表示得非常清楚。它謂：

以擧眼觀法界衆生，一體一相，平等無二，一等看故一種，皆是如來藏佛故，以常用一清淨心故，以常乘一理而行故，卽是頓入一乘。

又謂：

法佛者，本性清淨心，真如本覺，凝然常住，不增不減。

又謂：

從本已來，身心清淨。

這裏明顯地提出「清淨心」觀念。這清淨心內在於法界的衆生的生命中，等一無二，故有普遍性。所謂「一清淨心」，這一不是數目的一，却是絕對的一，表示清淨心是一絕對的主體性。這心本性，本來清淨。這與《二入四行》的眞性比較，可以說是同一東西。不過，說心是強調主體一面，說性是強調客體一面。

三、由慧可到弘忍

達摩禪經慧可、僧璨、道信，而至弘忍，眉目越來越清楚。慧可與道育同爲達摩的弟子，另外還有曇林。道育傳記不大明朗，曇林亦只是一講師，唯有慧可傳承達摩的禪法。慧可的學識很豐富，不過，在發揚禪風方面，沒有很大的作爲，徒衆也少。有關他的禪法，《續高僧傳》有如下記載：

說此真法皆如實，與真幽理竟不殊。本迷摩尼謂瓦礫，豁然自覺是真珠。無明智慧等無異，當知萬法即皆如。愍此二見之徒輩，申詞措筆作斯書。觀身與佛不差別，何須更覓彼無餘。[17]

這裏提出摩尼寶珠來說或譬況眞法或眞性，以無明與智慧都是就眞性說，即是，眞性顯現即是智慧，不顯現便是無明，故二者雖二而不異。而這眞性是內在於生命（身）中的，只須「豁然自覺」便可，不必向外覓求。「萬法皆如」，則是佛教一般的說法。故慧可的禪法基本上是承襲達摩的，不能說有甚麼新意。即是說，他仍守着清淨眞性的觀念。上面的引文是

《續高僧傳》載的，應該可靠。

慧可後有僧璨爲三祖。他是一個沒有顯赫事業的人物，著述也不流行。後此的四祖道信，有較大作爲。除了承達摩禪法外，也受到般若思想的影響。說他有較大作爲，是因爲禪自達摩以來，都不免頭陀苦行的作風，出家者多是過雲水的生活。道信扭轉了這種風氣，選定適當地方，開建道場，造寺院，立佛像，使僧人安定下來，禪的門戶也得以慢慢拓展。在思想上，道信主要仍然是承繼達摩的禪法，未能扭轉方向。例如，他的《入道安心要方便法門》⑱，便處處表現達摩的清淨眞性或清淨心的思想。茲略引數處如下（所附是柳田《初期の禪史》I一書之頁數）：

心本來不生不滅，究竟清淨。（頁二一三）

（心體）體性清淨，體與佛同。（頁二二五）

心如明鏡。（頁二〇五）

衆生不悟心性本來常清淨。（頁二〇五）

清淨的觀念，在道信的思想中，佔很重要的位置。不過，他與上代的祖師們終有不同。他較強調清淨的心體，而少說清淨的眞性。他對主體性顯然有一明確的自覺，這是與達摩的《二入四行》很不同之處。

道信後的弘忍，規模逐漸宏濶，努力建立寺院，接引四方學衆。弘忍的《最上乘論》，基本上亦是同一意趣，亦以清淨心爲根本觀念。如其中謂：

自心本來清淨。⑲

一切衆生清淨之心亦復如是。只爲攀緣、妄念、煩惱、諸見黑雲所覆。但能凝然守心，妄念不生，涅槃法自然顯現。故知自心本來清淨。[20]

此真心者，自然而有，不從外來。[21]

衆生佛性本來清淨，如雲底日。但了然守本真心，妄念雲盡，慧日卽現。[22]

此中更謂此清淨的主體性「自然而有，不從外來」。這「自然而有」不應是經驗意義的本來有之意，而應是超越意義的本來有之意。卽是，這清淨的主體性不是事上本有，而是理上本有；它內在於（不從外來）衆生的生命中，有其絕對的普遍性與必然性。

由此便建立這眞心爲衆生覺悟或成佛的超越的根據。衆生之所以未覺悟，未成佛，是經驗的外在的虛妄因素障礙所致。這在達摩來說是「客塵妄覆」，在弘忍來說是「攀緣、妄念、煩惱、諸見黑雲所覆」。覺悟的關鍵，是否定這些虛妄因素，所謂「捨妄」，「妄念雲盡」，而回復眞心的光明。

到了這裏，弘忍已完全說心，不再說性。這顯示弘忍的禪法集中在主體性的闡揚方面，傾向客觀義的眞性已漸被忘懷了。這是禪法由達摩到弘忍這一早期階段的重要的轉變。《二入四行》主要是說眞性，《達摩禪師論》則補說眞心或清淨心一面。這兩部作品合起來看，達摩基本上是心、性並重的。慧可則強調眞法或眞性，眞心觀念不顯。道信則心、性並舉，而重點則在眞心方面。弘忍則幾乎全說眞心。故由達摩到弘忍，我們可以看到早期禪的發展是由客體的性漸漸轉移到主體的心上來的。不過，不管是說性抑說心，它總是本來清淨的。之所以不清淨，是受到後天的經驗的客塵的影響所致。

四、如來藏思想與楞伽經

由上面看來，達摩與早期禪的清淨的眞性或眞心（由眞性發展至眞心），其底子顯然是如來藏自性清淨心；他們的思想應屬如來藏系，且與《楞伽經》有特別的關連㉓。如來藏系的最大的思想特色，是肯定一清淨心體，或如來藏，或佛性，作爲生死流轉與涅槃還滅的根本依。它不顯現，生命便是生死流轉；它顯現，生命便是涅槃還滅。而它的顯現或不顯現，又自與覆蓋它的那些虛妄因素的是否除去有關。在現實上，它常被這些虛妄因素所覆蓋着；但後者究竟不能影響它的本質。關於這些點，《楞伽經》有很好的表示。如其中謂：

如來藏自性清淨，轉三十二相，入於一切衆生身中。如大價寶，垢衣所纏，如來之藏常住不變，亦復如是。而陰界入垢衣所纏，貪欲恚癡不實妄想塵勞所污。㉔

又謂：

此如來藏藏識，一切聲聞緣覺心想所見，雖自性淨，客塵覆故，猶見不淨，非諸如來。㉕

又謂：

（如來之藏）離無常過，離於我論，自性無垢，畢竟清淨。㉖

這幾段文字都要表達同一意思，即是，如來藏內在於衆生的生命中，它本性清淨，沒有染污的成分，衆生却往往爲後天的染汚質素所蒙蔽或影響，致如來藏不能顯示其光明，衆生因而是凡夫。不同的是，《楞伽經》把清淨的如來藏與染污的藏識結合起來，而成如來藏藏識，以解釋生死與還滅兩面。達摩及其追隨者則只說清淨的如來藏一面㉗。

關於如來藏思想，若更仔細考究起來，則起碼可有二種形態：其一是所肯定的如來藏，一方面是原理，是價值標準，另一方面又是心能，是能動的主體性。這是心理爲一的如來藏。

另一則是所肯定的如來藏只有原理義，只有價值標準義，而無心的能動性。這是心理爲二的如來藏。前者可以《大乘起信論》爲代表，它的「心眞如」，即表示所肯定的如來藏是心，亦是眞如理；心、理是它的一體二面㉘。後者則可以世親的《佛性論》爲代表，它的應得因佛性只有原理義，而不是一心能。達摩禪應是心理爲一的如來藏思想；他的眞性與眞理冥符，無有分別，而爲一的說法，應是這個意思㉙。即是說，眞性也有心的涵義。

關於達摩禪與《楞伽經》的理論關連如上。兩者亦有很密切的歷史關連。達摩根據《楞伽經》傳心，是一個歷史事實。如《續高僧傳》卷十六的慧可傳便有這樣的記載：

> 初，達摩禪師以四卷《楞伽》授可，曰：我觀漢地，惟有此經，仁者依行，自得度世。㉚

《二入四行》所謂「藉教悟宗」，此中的教是經教，這自是《楞伽經》的教法無疑。另外，達摩與這四卷《楞伽經》的譯者求那跋陀羅也可能有些關係。如《楞伽師資記》便這樣說：

> 魏朝三藏法師菩提達摩承求那跋陀羅三藏後。㉛

故印順以爲，達摩有晤見求那跋陀羅，並承受《楞伽》法門的可能㉜。

五、四行

《二入四行》談論入佛道，提出理入與行入。其意思應該不是選取任何一種都可以入；應該是兩者並兼，才能完滿入佛道。理是智慧面，是解；行是實踐面。所謂解行相應。這是佛教的一貫態度，並無新意㉝。不過，達摩在說行入時，並未強調具體的實踐程序，却教人如何培養一種正確的處世的態度。這態度是由消極到積極，由被動到主動。總的來說，四行特別是前三行給人的印象是安順的人生觀，有不少道家思想的影子。曇林的序以四行是發行，這似只能與第四行的稱法行相應。

達摩以四行可概括一切行。這四行是：報怨行、隨緣行、無所求行、稱法行。以下依次引述原文，然後逐一解說。

> 行入者，所謂四行。其餘諸行，悉入此行中。何等為四？一者報怨行，二者隨緣行，三者無所求行，四者稱法行。云何報怨行？修道行人，若受苦時，當自念言：我從往昔無數劫中，棄本從末，流浪諸有，多起怨憎，違害無限。今雖無犯，是我宿殃惡業果熟，非天非人所能見與。甘心忍受，都無怨訴。經云：逢苦不憂。何以故？識達本故，此心生時，與理相應，體怨進道，是故說言報怨行。

第一行報怨行，是要吾人對往昔的宿業，有正確的認識，並承受之，而無怨憎。要之，吾人應「體怨進道」，要能「達本」，這本自然是指那眞性。由「此心生時，與理相應」到「體怨進道」，是實踐的關鍵點。實際上，若能明白宿業不可避免的道理，因而步步精進，這樣地體怨進道，日久有功，便能如理而行，不必造作。這便是「此心生時，與理相應」。

> 第二隨緣行者，眾生無我，並緣業所轉，苦樂齊受，皆從緣生。若得勝報榮譽等事，是我過去宿因所感，今方得之，緣盡還無，何喜之有？得失從緣，心無增減，喜風不動，冥順於道，是故說言隨緣行。

第二行隨緣行，其中心觀念仍是業，所謂「緣業所轉」。重要的是不因這些緣業而轉移生命的方向，必須保住眞性，「心無增減」。這裏再度提到心的問題。這與上面說心生而與理相應合看，這心是甚麼意義的心呢？這應該是回歸眞性後的心，是清淨心。我們可以說，清淨心受蔽，便眞性不露，自家的清淨的眞性不能發露，因而棄本從末，離棄自家的眞性，順着流俗（緣業）的脚跟轉，最後在輪迴的諸有世界（種種不同的存在層面的世界）中打滾，無有了期。若能了解緣業的性格，知道它所帶來的得失的結果都是外在的，因而不爲所動，不起「增減」的心，這樣便能保住眞性，顯露本來是清淨無染的本心本性。

就這兩行看，其緣、業的表面觀念，是佛教的；但都教人「順物」，這則是道家的人生觀。順物而能「無心」（心無增減），則更近道家了。《達摩禪師論》的論調大抵與此相似，且更進一步要人「自責」，「自嗔」，忍辱，所謂「一切時中，常須自責」，「自嗔無煩惱，嗔他煩惱生」，「誓願不起嗔恨之心，誓不犯忍」，則更有苦行的意味了。早期的禪，特別是達摩與慧可，都有苦行或頭陀行的意味。

> 第三無所求行者，世人長迷，處處貪着，名之為求。智者悟真，理將俗反，安心無為，形隨運轉，萬有斯空，無所願樂。功德黑闇，常相隨逐，三界久居，猶如火宅，有身皆苦，誰得而安？了達此處，故於諸有息想無求。經云：有求皆苦，無求則樂。判知無求真為道行。

在第三行無所求行中，達摩描述經驗世界是「萬有斯空」，「功德黑闇，常相隨逐」，「三界久居，猶如火宅，有身皆苦，誰得而安」。此中所說三點，恰是原始佛教所常說的空、無常與苦。「有身皆苦」更明顯地是套用《老子》的說法。經驗世界既然是空、無常、苦，吾人便不應對之有任何貪戀，應「息想無求」。這裏再度提到心的問題，教人「安心無爲」。這心是經過實踐而得體證的心，故應是清淨的眞心。

第四稱法行者，性淨之理，目之為法。此理衆相斯空，無染無著，無此無彼。經云：法無衆生，離衆生垢故。法無有我，離我垢故。智者若能信解此理，應當稱法而行。法體無慳，於身命財，行檀捨施，心無悋惜。達解三空，不倚不著，但為去垢，攝化衆生，而不取相。此為自利，復能利他，亦能莊嚴菩提之道。檀施旣爾，餘五亦然。為除妄想，修行六度，而無所行。是為稱法行。

第四行稱法行，如上所說，顯示較積極的人生觀。「稱法」卽是與客觀的理法相應。這理法其實是平等一如的空理，所謂「衆相斯空，無染無著，無此無彼」。能稱法卽能培養出一種公心，一種客觀的意志，「於身命財，行檀捨施，心無悋惜」，「自利利他」，「攝化衆生」。不僅布施是如此，其他五度亦是如此。這樣便能「莊嚴菩提之道」。這裏有一值得注意之點。卽是，這裏提到以檀施或布施爲首的六度，亦卽六波羅蜜多。這是般若思想的重要實踐德目，特別是大乘菩薩所必須實踐的。這顯示達摩的禪法，除了承接《楞伽經》的如來藏自性清淨心的思想外，也受到般若思想的影響。我們大抵可以這樣說，在觀念上，達摩禪繼承了楞伽系的清淨心的思想；在方法上，則吸收了般若系的波羅蜜多實踐。

四行是達摩禪的實踐論。倘若把這種行或實踐方法分析一下，我們馬上可以把它們分爲兩類：前三行是一類，目的是要培養一種安順的人生觀；最後的稱法行是一類，目的是要勇猛精進，攝化衆生。這裏我們可提出一問題：我們如何能從前三行以進於第四行呢？很明顯，前三行的重點是安心，培養一種內斂的，偏於靜態的主體性；第四行則是這主體性的發用，由靜態變爲動態㉞。但這如何可能呢？這個可能性只有由主體性自身來承擔，它自身必須具有這種變的因素。關於這點，達摩在《二入四行》中沒有明說。就觀念言，達摩的眞性應含有這種變的因素，它自身應能在現象世間起動，攝化衆生；因爲，如上面所說，它不單是客觀的標準、理則，而且也是主觀的心能，心能是能起動以產生作用的。《達摩禪師論》所說的「眞如本覺」足以說明這點。眞如是理法，也是本覺的心；兩者應是眞性的所涵。

六祖慧能以後的禪，喜說游戲三昧。這是禪的表現。游戲指主體性或心靈在現象世界中任運起用，自在地運用適當的法門以教化衆生，其巧妙的拈弄，仿如游戲，沒有絲毫造作在內。三昧則是禪定的修習。在三昧中，修行中人專心聚合主體性的力量，不使精神向外馳散。可以這樣說，三昧是游戲的基礎，游戲是三昧的發用。倘若以游戲三昧的表現來說達摩禪的四行，則前三行相當於三昧，最後的稱法行相當於游戲。不過，這只是籠統的比較或比配而已。達摩禪並未發展至慧能及他以後的禪法的成熟程度，其游戲三昧只是初步表現而已，並未圓熟。

六、卽清淨心是佛

以上是達摩及早期禪的大概。以下我們看達摩及早期禪的特色。就實踐言，禪法的目的是成佛，此中的着力點在心。這在禪宗來說，是一種共同的看法，沒有甚麼爭論。但這心到底是甚麼樣的心，則是一個極堪注意和可以充滿爭論的問題。就宗教實踐來說，這問題不外兩個答案，是清淨的如來藏心，或是染汚的識心。由此便有兩個命題：卽清淨心是佛與染汚心是佛。選取不同的命題，當然會影響整個實踐的方法與程序。這裏讓我們先對這兩個命題作一種知識論的分析。

就卽清淨心是佛而言，由於清淨心卽是成佛可能性，故說這命題等於說卽成佛可能性是佛。這後一命題是一定的，有其必然性，佛自然是要在成佛可能性中。以康德哲學的詞彙來說，這是一分析命題；作爲謂詞的佛的涵義，包含於作爲主詞的成佛可能性的涵義中；或者說，佛的涵義包含於清淨心的涵義中。就卽染污心是佛而言，佛是清淨的，其涵義當然不能包含於污染心中，故這命題是一綜合命題。更明顯的是，佛的清淨性與染污心的染污性剛成一強烈的對比。

分析命題不表示經驗知識，而表示一謂詞與主詞的邏輯的必然的連繫。綜合命題則表示知識，謂詞與主詞如何連結起來，不能是一種邏輯的決定，却是涉及經驗的觀察或某些特別的智慧。說卽清淨心是佛，此中當然有智慧在，這可以說是邏輯的智慧或分解的智慧。說卽染污心是佛，此中涉及一種如何把染污心與佛結合起來的思考，有吊詭的成素，這或可以說爲一種辯證的智慧，或綜合的智慧。就哲學思考言，邏輯的分解的思路有確定性；就宗教體驗言，辯證的綜合的思路能使人臻於較圓滿的眞實㉟。

達摩禪的眞性觀，應該是屬於卽清淨心是佛的思考。這在《二入四行》中雖未有明說，却明顯地透露於《達摩禪師論》中。該文謂：《如是清淨心故，卽此身心，名爲淨土，名爲淨法身」。這種思想爲道信所繼承。他在《入道安心要方便法門》中謂：

念佛卽是念心，求心卽是求佛。……卽看此等心，卽是如來眞實法性之身。亦名正法，亦名佛性，亦名諸法實性實際，亦名淨土，亦名菩提金剛三昧本覺等，亦名涅槃界般若等。㊱

上面引弘忍《最上乘論》的說法，如「衆生佛性本來清淨，如雲底日。但了然守本眞心，妄念雲盡，慧日卽現。」也是同一旨趣，都是以佛爲成立於清淨心或清淨的心性的顯發中，而這清淨的心性，是衆生本有的，不必外求。這個思路，對禪思想有極大的影響；卽神會以「靈知眞性」說成佛，亦是這個方向㊲。宗密對這種思路所成的禪法，有極深刻的印象，評價極高，以之爲最根本的禪法。這可見於他在其《禪源諸詮集都序》的一段話語中：

若頓悟自心本來清淨，元無煩惱，無漏智性本自具足，此心卽佛，畢竟無異，依此而修者，是最上乘禪。亦名如來清淨禪，亦名一行三昧，亦名真如三昧。此是一切三昧根本。……達摩門下展轉相傳者，是此禪也。……唯達摩所傳者，頓同佛體，迥異諸門。㊳

這段話很能道出達摩及早期的這種禪法的本質。但它能否是「一切三昧根本」，便很難說。如上所謂，這種禪法所表示的，是一種分解的智慧。由這智慧設定一超越的清淨心，作爲因，由此分析出作爲果的佛來。就這個意義言，這清淨心似可說爲是一切三昧根本。但分解的智慧的這種運用，未免把成佛的事推到超越方面去，而與日常的心識與現實的世間構成對立。這則使人有不圓滿之感。這使我們想到卽染汚心是佛的辯證的禪法，由此可臻於淨與染、超越與經驗兼收的圓滿境地㊴。其後慧能開出的禪法，卽是這個路向。關於這點，這裏暫不多及。以下談實踐的問題。

七、捨妄歸眞及壁觀

達摩禪既是卽清淨心是佛的思路，而這作爲眞性的清淨心在現實上又往往爲虛妄的染汚的客塵所覆蓋，因而不能顯現；故覺悟的關鍵，自然是要捨棄一切虛妄性染汚性，回歸本來的清淨的眞性。這種思考程序，仍然是分析的。由此便得所謂「捨妄歸眞」的實踐方法。這是達摩禪法的另一特色。捨妄歸眞是《二入四行》的說法。《達摩禪師論》說「息妄入眞」，「化邪歸正」，都是同一旨趣。後來的道信與弘忍都是這種想法。如道信《入道安心要方便法門》謂：

> 住是心中，諸結煩惱，自然除滅。[40]

弘忍《最上乘論》謂：

> 妄想斷故，則具正念。[41]

又謂：

> 妄念雲盡，慧日卽現。[42]

這種實踐的觀念基礎，是把眞與妄分開爲兩種互不相容的範疇，眞不是妄，妄不是眞，妄能障眞，故要捨妄歸眞。這是把覺悟嚴格地限於眞的一面，所表現的仍然是分解的智慧。如卽清淨心是佛不同於卽染汚心是佛那樣，這種實踐亦不同於不捨妄而證眞的實踐。後者所表現的是綜合的智慧；這在《維摩經》中有很清楚的表示，《壇經》也有這種傾向[43]。馬祖以後的禪，更是如此了。

說到這裏，有一點要交待一下。《二入四行》本包括本論及雜論。我們論達摩的禪法，只限於本論，而不及雜論；因兩者在觀念上有顯著的不同；顯然雜論有不少非達摩的思想在內。最顯著的一點，便是本論的捨妄歸眞與雜論的不捨妄而證眞的差異。如雜論謂：「除煩惱而求涅槃者，喻去形而覓影」㊹。又謂：「行於非道，通達佛道」㊺。又謂：「不須捨生死，始是涅槃」㊻。這都是《維摩經》的觀念，與本論不同㊼。

捨妄歸眞是達摩與早期禪的共通的實踐原則。在具體的修行方面，達摩與早期禪特別是道信與弘忍有顯著的不同，即是，他並不注重具體的修法程序與技術。壁觀是他的獨創，表面上似是具體的修法技術；但上面已指出，壁觀不是觀壁，而是像壁那樣地觀；故壁不表示具體的所觀，而表示觀的狀態，這即是凝住，目的是要把精神集中起來，觀照空理。他論四行，也沒有涉及具體的修法程序與技術，而只着重正確的處世態度的培養。故柳田聖山以爲《二入四行》的教法，只傳述初期達摩的樸素的瞑想法㊽。柳田氏又謂達摩的四行的最大特色，是其日常化，這則不同於四念處法的特殊的行㊾。這特殊的行，即是指具體的修行技術。

在這方面，達摩的繼承者，如道信與弘忍，便很不同。道信特重「守一不移」的修法。他敍述修習的具體方法時謂：

初學坐禪看心，獨坐一處，先端身正坐，寬衣解帶，放身縱體，自按摩七八翻，令腹中嗌氣出盡，卽滔然得性，清虛恬靜。身心調適，能安心神，則窈窈冥冥，氣息清冷，徐徐斂心，神道清利，心地明淨。觀察分明，內外空淨，卽心性寂滅。如其寂滅，則聖心顯矣。㊿

弘忍則特重「守本眞心」的修法。他提出的具體的修習法是：

坐時平面端身正坐，寬放身心，盡空際遠看一字，自有次第。若初心人攀緣多，且向心中看一字。證後，坐時狀若曠野澤中，迥處獨一高山，山上露地坐。四顧遠看，無有邊畔。坐時滿世界，寬放身心，住佛境界。清淨法身無有邊畔，其狀亦如是。[51]

達摩雖強調大乘安心之法，要人「安心無爲」，要人「此心生時，與理相應」，但到底循何程序，用何方法，才能達到這個地步，並未有明說。雖說壁觀，也只是提供一個原則性的途徑而已，到底不易落實。道信與弘忍便不同。他們分別提供的方法，都牽涉技術性的程序，學者較易依法修習。這可說是早期禪在修習禪道方面的一種發展。

八、結論

達摩與早期禪法屬如來藏自性清淨心的思路。其實踐的脈絡是分析的，這可以「卽清淨心是佛」一命題來表示。故修行的方法是「捨妄歸眞」，重點是在這「眞」（眞性、眞心）上作工夫。達摩教人壁觀的修行，但這是原則義，而非技術義。道信、弘忍則提到具體的技術問題。

若單就《二入四行》而言，其基本觀念是眞性。其中雖說到心，但未有將之提煉成一個觀念，亦未有明說清淨心。《達摩禪師論》則做到這點。禪自道信、弘忍以後，其基本觀念皆是心。若達摩不言心，則此中會出現一思想史的困難：禪在觀念上，如何由達摩的眞性轉到後來的心？客體性的眞性如何能轉成主體性的心？作爲禪的初祖的達摩，若只說眞性，則如何能「傳心」？如何能對禪思想有這麼重大的影響？若承認《達摩禪師論》能代表達摩的思想，則這個困難便可消解。當然另外還有一些理由，以支持此作品可代表達摩思想的說法，如本文開首所述。此作品實可作爲一橋樑，把《二入四行》的眞性觀與禪後來的心觀連結起來。故我們研究達摩禪，除了以《二入四行》爲主要資料外，仍參考這部作品。

若以游戲三昧來展示禪實踐的全幅歷程，則達摩與早期禪法顯然是偏重於三昧（禪定）一面，游戲一面是很輕的。達摩的「凝住壁觀」，道信的「守一不移」和弘忍的「守本眞心」，都強調要對主體性或心作凝定和淨化的工夫，三昧的意味很濃厚。達摩四行中的稱法行，強調修習六波羅蜜多的實踐，要利他，要攝化衆生。這則有些游戲的意味。但與慧能以後的南宗禪比較，游戲的意味還是很淡薄。此中的關鍵在，達摩及早期禪的本質，在那清淨的心靈；這心靈有被置定在一個與經驗世界隔開的超越的境地之嫌。既然這樣地被置定了，便很難發揮其動進性，或靈動機巧性。這樣，游戲便顯得活力不足了。慧能及他以後的南宗禪則不同。它的本質在那對現象世界不取不捨的動進的或靈動機巧的心靈，這樣的心靈具有充實飽滿的活力，因而能在世間起種種妙用，而游戲自在，無拘無束。關於這動進的心靈，我們在另文已有很詳盡的闡釋[52]，這裏不重述了。

清淨心指向一超越的境地，以這境地爲修行的目標。因而不得不與塵俗的、虛妄的世界隔離開來，而捨妄歸眞。不取不捨的動進的心靈則在這個塵俗的、虛妄的世界任運流通，隨意拈弄，轉化衆生。故它不與世界隔離開來，却是在其中游戲神通，發揮種種妙用。這兩種心靈的取向基本上是不同的。由上面看到，達摩及早期的禪法是清淨心系統；慧能及其開展的南宗禪，則是不取不捨的動進心靈的系統[53]。不過，在南宗禪的文獻中，達摩和弘忍他們常被理解爲走不取不捨的動進心靈的思路的，如《無門關》中的達摩安心公案，及《壇經》所載的弘忍對慧能偈的認可，都是顯著的例子。這是南宗禪人以其本宗的思路來看達摩與弘忍所致。達摩及弘忍等早期的禪法，固不同於慧能及南宗的禪法也。

附註

❶ 柳田聖山以爲，《二入四行》是達摩及其弟子們的話語的集錄。（《初期の禪史》I，《禪の語錄》二，筑摩書房，昭和四六年三月初版第一刷發行，頁一〇）印順則以爲，這部《達摩論》即使不能代表達摩的心傳，也還是有事實根據。（《中國禪宗史》，慧日講堂等流通，中華民國六〇年六月初版，頁八）

❷ 《大正藏》八五・一二八五中。

❸ 柳田聖山把本論與雜論加在一起，作詳盡的語譯與注釋，名之爲《達摩の語錄》（《禪の語錄》一，筑摩書房，昭和五四年十一月第五刷發行。）

❹ 其中有九個敦煌本子：S.一八八〇，S.二七一五，S.三三七五，S.七一五九，P.二九二三，P.三〇一八，P.四六三四，P.四七九五，宿九九（藏於北京圖書館，由鈴木大拙發現）。其他兩個本子爲《少室六門集》本及朝鮮《禪門撮要》本。

❺ 柳田聖山的《初期の禪史》I，收入《楞伽師資記》及《傳法寶紀》的原文及柳田氏所作的語譯、注釋。其中的《二入四行》原文，即爲本文所據。這亦包括曇林的序在內。(頁一二七—一三三）關於《初期の禪史》I一書，參看註❶。

❻ 《達摩大師の研究》，春秋社，昭和四四年五月第一刷發行，頁四六三—四六八。

❼ Ibid.，頁六九—七一。

❽ 《大正藏》八五・一二八五中。

❾ Idem.

❿《達摩大師の研究》，頁五六。不過，關口氏自己亦提出一個疑問。即是，就現存所見到的《達摩禪師論》來說，該論雖提到《楞伽經》的名字，但未有引述該經的文句。此似與《楞伽要義》之名不大相應。（頁五五）印順則逕說這部《楞伽要義》已佚失；他認爲從前傳入日本的《大乘楞伽正宗決》一卷，可能就是這本要義。（《中國禪宗史》，頁一三）

⓫《達摩大師の研究》，頁五八－六一。

⓬Ibid.，頁五一。

⓭宇井伯壽亦以爲，達摩禪的主旨所在，是信悟含生同一眞性爲根本，而覺悟之。（《禪宗史研究》，岩波書店，昭和四一年六月第四刷發行，頁一九）

⓮宇井伯壽以爲，「藉教悟宗」之教爲師之教，非文教。文教爲經之文言。（Ibid.，頁一八）師之教其實即經典的教法；這是就義理而言，並非指表面的文字。關口眞大則逕以教爲經教。（《達摩大師の研究》，頁四二五）

⓯印順以爲宗是《楞伽經》說的「自宗通」，是自覺聖智的自證，這要依教去悟入。（《中國禪宗史》，頁一一）

⓰《禪思想》，中公新書，昭和五二年二月三版，頁二九。

⓱《大正藏》五〇・五五二中。

⓲收入于《楞伽師資記》。本文所據，是柳田聖山《初期の禪史》I 所收的校本（頁一八六－二六八）。

⓳《大正藏》四八・三七七上。

⓴《大正藏》四八・三七七上－中。

㉑《大正藏》四八・三七七中。

㉒《大正藏》四八・三七八上。

㉓牟宗三先生亦謂就達摩來華之史實言，初是《楞伽》傳心；並謂禪宗的來源原是如來藏自性清淨心系，這即天台宗所謂「唯眞心」。（《佛性與般若》下，台灣學生書局，一九七七年六月，頁一〇三九）

㉔《大正藏》一六・四八九上。

㉕《大正藏》一六・五一〇下。

㉖《大正藏》一六・五一〇中。

㉗印順亦謂，如來藏法門弘通于東南印度，阿賴耶緣起說弘通于西北印度。各別的發展，而又結合起來的，是《楞伽經》的「如來藏藏識心」。但中國的禪者並不注意《楞伽經》的賴耶緣起說，而重視聖智自覺的如來藏性。（《中國禪宗史》，頁二〇—二一）

㉘事實上，《大乘起信論》與《楞伽經》有一定的關連。前者一向被認爲是依後者造的。參看《中國禪宗史》，頁五六。

㉙牟宗三先生更提出天台宗性具系統的如來藏，作爲如來藏思想的另一種形態。參看其《佛性與般若》下（頁一〇四三）。

㉚《大正藏》五〇・五五二中。

㉛《大正藏》八五・一二八四下。

㉜《中國禪宗史》，頁一七。附帶提及一點。達摩與求那跋陀羅有無特別的關係，譬如說，師生關係，不易清楚。《楞伽師資記》只說達摩「承」求那跋陀羅「後」，這並不表示達摩是求那跋陀羅的弟子，或求那跋陀羅是達摩的老師。Philip Yampolsky 以此書爲以求那跋陀羅爲達摩的老師，實未諦當。（cf. Philip Yampolsky, "New Japanese Studies in Early Ch'an History," in Lancaster and

Lai, ed., *Early Ch'an in China and Tibet*, Berkeley Buddhist Studies Series, 1983, p. 5.)

㉝ 這種取向，也不限於佛教，儒家也有，至王陽明而盛發揮之，所謂知行合一也。

㉞ 柳田聖山以爲四行是四種生活態度。貫徹其中的，是忍受之心。甘受人生，視之爲苦，爲無我，爲無求，爲本來清淨。（《禪思想》，頁五二）但由稱法行而行六度，強調般若的立場，則是由受動轉爲能動。(Idem.)

㉟ 康德在其鉅著《純粹理性批判》(*Kritik der reinen Vernunft*)中，對分析命題與綜合命題有深刻的闡釋。我們這裏對這兩種命題姑作一簡要的區分如下：

㈠分析命題（analytic proposition）：在一個命題中，倘若謂詞的意思已包含於主詞中，這個命題是分析命題。分析的意思是謂詞的涵義可從主詞中分析或析取而得。例如：「紅蘋果是紅色的」、「圓形是一個圖形」、「老人有很大的年紀」等，都是分析命題。紅色、圖形、很大的年紀這些謂詞或屬性，都已包含於主詞紅蘋果、圓形和老人中。另外，倘若主詞與謂詞完全等同，如「a是a」，「布殊是布殊」，都是分析命題，且是重言式的分析命題（tautologically analytic proposition）。說「布殊是布殊」，是一重言（tautology)。

由以上的闡釋，可推出分析命題有兩個特性：

其一是沒有增加新的知識。因為謂詞的涵義已包含在主詞中，說紅蘋果，便知道它是紅色的。說出紅蘋果是紅色的，並未增加我們對紅蘋果的知識。因這紅的性質，早已包含於紅蘋果中。

其二是，一切分析命題都是必然地眞（necessarily true）的，或必然地正確的（necessarily correct）的。甚麼是「必然地眞」呢？這卽是「其反面不可能」。例如，「紅蘋果是紅色的」是必然地眞，因為它的反面，卽：「紅蘋果不是紅色」，是不可能的。所謂不可能，是不可能理解（inconceivable），或是矛盾（contradictory）。

(二)綜合命題（synthetic propcsition）：在一命題中，倘若謂詞的涵義不包含在主詞中，謂詞與主詞的綜合或連繫，須靠經驗觀察（empirical observation）來決定，則這種命題是綜合命題。如「李寧有很多體操金牌」、「戈巴卓夫體重二百磅」、「砒霜可使人服食致死」，都是綜合命題。

由以上的闡釋，亦可推出綜合命題有兩個特性：

其一是能增加我們的知識。例如，我們原不知道戈巴卓夫的體重，戈巴卓夫這一主詞，它所代表的人物，亦不必必然是有多少體重，經過經驗觀察，把他過磅，便能知道體重。這個「戈巴卓夫體重二百磅」的命題，增加了我們對戈巴卓夫的認識。

其二是，它的眞不是必然地眞，而是實然地眞（empirically or factually true）。它的反面雖不是事實，但仍是可能的。例如，戈巴卓夫可以不是二百磅重。他的二百磅重，是一經驗的事象，倘若事象改變，他便可以不是二百磅，此中毫無矛盾。

在哲學上，分析命題又稱爲先驗命題（a priori proposition），綜合命題又稱爲經驗命題（empirical proposition）。分析命題的眞假，可以離開經驗事實而純由邏輯上的矛盾律（law of contradiction，實應稱爲不矛盾律）來決定。綜合命題的眞假，其判斷的標準在經驗事實。一般來說，數學和邏輯方面的運算與推理式，都是先驗的分析命題，而自然科學中所陳述的知識都是經驗的綜合命題。不過，康德提出先驗綜合判斷（a priori synthetic judgment），是兩者的綜合。這是較深入而複雜的問題，此處暫不討論。

要注意的是，命題之分爲分析命題與綜合命題是就其主詞、謂詞的連貫關係說。至於說命題是有眞假可言的陳述或語句，則是就命題的眞假的值（value）說。分析命題是必然眞的命題。至若「白筆不是白」這一類語句，亦是命題，但不能說是分析命題，它只是假的命題，或其命題的眞假値爲假。關於分析命題與綜合命題，學者可更參考牟宗三著：《理則學》，台灣正中書局，一九六五，頁二一一－二一三。牟書中綜合命題作綜和命題。

㊱ 柳田聖山，《初期の禪史》I，頁一九二。

㊲ 牟宗三先生在其《佛性與般若》中謂：「若依《楞伽》傳心及神會和尚之講法，則『即心是佛』那個心是清淨眞如心。……自性清淨心爲一實體性的心。（此實體性也許只是有實體性意味的一個虛樣子，……在還滅時，也可以打散這個虛樣子，不可著實。否則如來藏心便有梵我之嫌。……）此勉強權說的有實體性意味的自性清淨心亦就是衆生的如來藏性——佛性。達摩所說『深信含生同一眞性』，可能就是這個如來藏性。」（下，頁一〇四一－一〇四二）

㊳ 《大正藏》四八・三九九中。

㊴ 宗密自己也提及這種禪法。他論馬祖禪時，便謂：「即今能語言動作，貪嗔慈忍，造善惡受苦樂等，即汝佛性。即此本來是佛，除此無別佛也。」（《禪源諸詮集都序》，《大正藏》四八・四〇二下）

㊵ 柳田聖山，《初期の禪史》I，頁一九二。

㊶ 《大正藏》四八・三七七下。

㊷ 《大正藏》四八・三七八上。

㊸ 《維摩經》謂：「諸煩惱是道場。」（《大正藏》一四・五四二下）又謂：「婬怒癡性即是解脫。」（《大正藏》一四・五四八上）《壇經》謂：「凡夫即佛，煩惱即菩提。」（《大正藏》四八・三五〇中）

㊹ 柳田聖山，《達摩の語錄》，頁五三。

㊺ Ibid.，頁一三一。

46 Ibid.，頁一三六。

47 這無怪柳田聖山謂敦煌本《二入四行》（包括雜論在內）就全體言，其背後是《維摩經》。他以爲達摩所重視的經典，除《楞伽經》外，便是此經典。（《禪思想》，頁二六）

48 柳田聖山著，吳汝鈞譯，《中國禪思想史》，台灣商務印書館，民國七十一年五月初版，頁八一。

49 《禪思想》，頁五四。

50 《入道安心要方便法門》，柳田聖山《初期の禪史》I，頁二五五。

51 《楞伽師資記》，《大正藏》八五・一二八九下—一二九〇上。

52 指拙文〈壇經的思想特質——無〉，刊於本書。

53 關於慧能及南宗禪，參看註52所列之拙文。

壇經的思想特質——無

一、關於南宗禪或壇經的思想特質問題

如衆所周知，禪分南北二宗；北宗禪只流行了一段短時期，南宗禪則自慧能以後，歷久不衰，對中國的思想與文化，有重大的影響。南宗禪創自慧能；它的思想，也在代表慧能的說教的《六祖壇經》或《壇經》中奠定下來。故《壇經》所反映的思想，也可以說是南宗禪的重要思想。本文的目的，是要透過《壇經》這一重要的文獻，看看它的思想特質爲何。這思想特質，自然也可以說是南宗禪的思想特質。

不過，南宗禪或《壇經》的思想特質問題，很富爭議性。若以自達摩禪以來所標榜的「教外別傳，不立文字，直指本心，見性成佛」這一宗旨作爲《壇經》的思想特質，則一方面有不符事實之嫌，而且也搔不到癢處。「教外別傳」，「教」是甚麼涵義，「別」又是怎樣別法，都不易說清楚。卽使說得清楚，也只是外在的說法，與內容無關。「不立文字」不是南宗禪所特別強調的，起碼不是《壇經》的意思❶。「直指本心，見性成佛」明顯地表示頓悟的方式，但這是很表面的方法上的問題，不足以決定思想上的特質或中心思想。《壇經》便這樣說過：

本來正教，無有頓漸。人性自有利鈍：迷人漸修，悟人頓契。自識本心，自見本性，卽無差別。所以立頓漸之假名。（《大正藏》四八．三五三上）❷

這是說，就教法來說，並沒有頓漸可言。頓漸是就悟入眞理（本心、本性）的遲速分別言，故是方法學意義的，而且是很表面的，它不過是假名而已。不過，這裏的「自識本心，自見本性」，與上來所提的「直指本心，見性成佛」，都涵有強調本心、本性的意思，而在《壇經》中，亦多處提到性、佛性、自性及本心，特別是自性，則這性、佛性、自性、本心，能否說是南宗禪的思想特質呢？這還是有爭議的。性、佛性、自性都是指向佛性的問題。熟悉中國佛教史的人都知道，佛性自竺道生以來，一直都是中國佛教的中心課題。禪自然很重視佛性問題，它也很強調佛性或自性含具萬法，和能生起種種功用、功德。但這仍談不上思想特質。佛性問題不限於禪，而佛性含具萬法，能生起功用、功德這些意思，在比禪早出的天台宗智者大師已有充量發揮了❸。本心的問題，智者大師也談過；《大乘起信論》與華嚴系的思想也發揮過。這都是學界所熟悉的事。單憑佛性、本心，並不足以決定南宗禪或《壇經》的思想特質。

或許有人會提出：禪不是很強調禪定、瞑想這一類修行麼？禪不是由於重視這種修行而得稱爲「禪」麼？又禪不是以強調自悟、自力以與別的佛教教派區分開來麼？這樣，我們不是可以說禪定的修行與自力成佛是南宗禪的思想特質麼？對於禪定的問題，我們的答覆是，禪定的修行，並不限於禪，天台宗也有；不過，天台宗比較多用「止」一名相，而較少用「禪定」。止與觀合起來，是天台宗智者大師的實踐上的雙軌。實際上，禪定的修行，在印度佛教已很流行。般若系的思想中，有六波羅蜜多（pāramitā），被視爲菩薩所必須修習的德目，其中卽有禪定波羅蜜多一項。再進一步說，禪定、瑜伽這種修行，或瞑想的實踐，在原始佛教與釋迦牟尼的教法中，已很受重視，甚至在印度教中，也有這種實踐方式❹。故禪定不能視爲南宗禪的思想特質。至於自力成佛的問題，則我們要反問：禪是大乘佛教的一支，在大乘佛教中，除了唯識與淨土外，有哪一派思想不強調自悟、自力成佛的呢？當然，禪是非常強調自悟、自力的重要性的，整部《壇經》都充滿了教人要自家「識自本心，見自本性」的說法；但這只表示在提倡自悟、自力成佛的程度上的不同而已，不能視爲決定特質的要素。

有人或者會提出，禪非常平實，富有生活氣息；禪趣與禪機，都落實到日常生活中去。馬祖的「作用見性」，南泉的「平常心是道」，龐居士的「神通並妙用，運水與挑柴」，都是在這種脈絡下提出的。禪門也常提到穿衣吃飯，屙屎送尿，都有道在。這種平實的生活氣息，是佛教其他教派所沒有的。這應可說是禪特別是南宗禪的思想特質吧。關於這點，我們的回應是，就平實的生活氣息言，禪表現得淋漓盡緻，佛教的其他教派確是很少見的。它實在有很深厚的現世情懷（worldly concern）。《壇經》便說過：

> 佛法在世間，不離世間覺。離世覓菩提，恰如求兎角。（三五一下）

這裏所謂的「世間」，自是指現實的一切日用云爲而言。禪道是不能遠離現實的一切日用云爲而表現的。經中也提到游戲三昧：

> 若悟自性，亦不立菩提涅槃，亦不立解脫知見。無一法可得，方能建立萬法。若解此意，亦名佛身，亦名菩提、涅槃，亦名解脫知見。見性之人，立亦得，不立亦得，去來自由，無滯無礙。應用隨作，應語隨答。普見化身，不離自性，卽得自在神通，游戲三昧。是名見性。（三五八下）

這游戲三昧，自是就在俗塵世間中說，「應用」、「應語」，都是生活的表現。覺悟（見性，徹見自家的眞性、佛性、自性）是在世間中表現，覺悟後，還是不離世間，以「化身」的形式，化度衆生，「應用隨作，應語隨答」。這便是游戲三昧。不過，問題不是這麼簡單。禪很具有平實的生活氣息固是事實，但原始佛教特別是釋迦牟尼的教法，也是很平實的，它不強調理論或形而上的問題，却是教人注目現實生活的苦惱問題，想辦法對治它們。關於這點，四部《阿含經》表現得很清楚。至於說覺悟要在世間中表現，以至覺悟後還要回向世間，以化身或應身的變化身來化度衆生，這在《維摩經》（*Vimalakīrtinirdeśa-sūtra*）中說得也很多，天台宗的思想也很有這種說法。無疑禪在這方面表現得更爲積極，但也只是程度上的不同而已，不足以決定它的思想特質。

二、從不取不捨與自性到無

這樣也不是，那樣也不是，到底南宗禪的思想特質是甚麼？或者說，它到底有無思想特質？

偌大的一個佛教學派，南宗禪肯定是有其思想特質的。讓我們還是從思想的淵源說起。《壇經》載五祖弘忍深夜爲慧能講《金剛經》（*Vajracchedikā-prajñāpāramitā-sūtra*），至「應無所住而生其心」句，慧能便大悟，爆發出智慧的火花，特別提到自性的問題：一切萬法不離自性。並且說：

何期自性本自清淨，何期自性本不生滅，何期自性本自具足，何期自性本無動搖，何期自性能生萬法！

弘忍當下印可他的覺悟境界，並謂「若識自本心，見自本性，卽名丈夫，天人師、佛」。（三四九下）這是關鍵性的地方，從中我們可以窺測到南宗禪的覺悟的消息，和它的思想特質。這消息是，覺悟並不是靜寂不動的光板狀態，心却是在運作着，不過，它對周遭的環境，並不取著（住）。取著卽有所執持，而不免被所執持的所限制、束縛，而不得自在。不取著便能保持心靈的自在無礙狀態，而能繼續不停地運作。這心靈是我們的本心、本性，是成佛的潛能，故也是佛性。這個消息，顯然源於兩種思想：無住與佛性。下面我們卽循着這兩種思想探索下去。

無住是般若文獻的一個重要的思想，甚至可說爲是一種實踐。它的直接意思，是對諸法，不管是生滅的有爲法，抑是無生滅的無爲法，都不住著，不執取。此中的義理背景是，一切有爲的生滅法，都是依因待緣而得成就。因緣聚合便生，因緣離散便滅，此中並沒有一常住不變的自體（svabhāva）可得，故不應對之取著。另外，對於那些無生滅的法，或無爲法，如空（śūnyatā）、眞如（tathatā）之類，它們都顯示眞理，或事物的緣起無自體的狀態，並不是在眞理的世界中，有一個稱爲空或眞如的常住不變的實體可得，故我們亦不對之取著。這便是無住。通常說無住，多是針對生滅性格的世間法而言，而較少涉及空、眞如一類。

諸法既是因緣和合而成，其中沒有常住不變的自體，因而不應對之取著起執。同時，也由於它們是因緣和合而成，沒有常住不變的自體，因此不會對我們構成眞正的障礙，因而也不必刻意去捨棄它們，甚至毀滅它們，而淪於虛無主義。這便是不捨。故無住的直接意思是不取，也隱含不捨的意思；它的整全的意思是不取不捨❺。實際上，不取不捨的字眼，常出現於般若文獻中。著名的《八千頌》，或稱《摩訶般若波羅蜜經》(*Aṣṭasāhasrikā-prajñāpāramitā-sūtra*)便這樣說過：

> 於諸法中無取無捨，乃至涅槃亦無取無捨。❻

取卽是取著。又說：

> 般若波羅蜜不應色中求，不應受、想、行、識中求。亦不離色求，亦不離受、想、行、識求。何以故？色非般若波羅蜜，離色亦非般若波羅蜜。受、想、行、識非般若波羅蜜，離受、想、行、識亦非般若波羅蜜。❼

這裏以色、受、想、行、識五蘊來說。五蘊是構成吾人的生命存在的要素，亦可視之爲泛指一切法，一切現象。般若波羅蜜指智慧。其意是，智慧不能單表現於一切法中，亦不能表現於遠離一切法中。單於一切法中求智慧，有住著於一切法中之嫌；遠離一切法，則淪於虛無主義，亦不能表現智慧。這顯然有以上所說的不取不捨之意。同經有時又單說不取，如：

> 般若波羅蜜是大珍寶，於法無所著無所取。❽

有時又單說不捨，如：

> 不壞假名而說實義。❾

假名(prajñapti)是分別諸法而施設的名字，通常可泛指諸法。

關於不取不捨，若就義理方面作進一步的發揮，則可以說，唯其能不取，心靈才能在變幻無常的世界中，任運流通，而無滯礙，表現種種妙用。唯其能不捨，心靈才能使其妙用在世界中落實，才能有作用的對象。能不取不捨，便能還世界一個本來的面目，而不起種種顚倒見，因而不生煩惱。要做到這個地步，需要有很高的智慧。般若文獻便很強調這種智慧，稱之爲般若（prajñā）。

如上面所說，佛性自南北朝竺道生以來，一直都是中國佛教的中心課題。這佛性思想在印度佛教中亦有很深厚的淵源。以盛言佛性而爲人所留意，重視的，當推《大般涅槃經》（*Mahāparinirvāṇa-sūtra*）。此經有一段文字，詳闡佛性的義理：

> 佛性者，名第一義空；第一義空名為智慧。所言空者，不見空與不空。智者見空及與不空、常與無常、苦之與樂、我與無我。空者一切生死，不空者謂大涅槃。乃至無我者卽是生死，我者謂大涅槃。見一切空，不見不空，不名中道。乃至見一切無我，不見我者，不名中道。中道者，名為佛性。以是義故，佛性常恆，無有變易。無明覆故，令諸衆生不能得見。聲聞、緣覺見一切空，不見不空。乃至見一切無我，不見於我。以是義故，不得第一義空。不得第一義空故，不行中道。無中道故，不見佛性。⑩

這裏提到有關佛性的多方面的義理，由於篇幅所限，不能一一解明了。我們只想強調一點：整段文字充滿着關於眞理的正面的、肯定的，甚至是建設性的涵義，佛性卽在這種脈絡下被介紹出來。如我、不空、大涅槃、常、中道這些具有積極涵義的名相，都用來說佛性。這與比此經早出的般若文獻集中強調空的義理很不同。空是無自體之意，它畢究是遮詮的作用，積極性總是不夠的。只就空來說眞理，不是究極的、第一義的。空固然要說，但亦要說不空，才能顯揚涅槃的殊勝功德。這不空卽是佛性。

上面說佛性是在正面的、肯定的、有建設性的語調下被提舉出來。《大般涅槃經》更以樂觀的語氣說佛性是「常、樂、我、淨」，不是「無常、無樂、無我、無淨」⑪。又強調佛性是覺悟的基礎，是「一切諸佛阿耨多羅三藐三菩提中道種子」⑫。又肯定佛性的普遍性，以一切衆生都有佛性，即使是愚癡如一闡提(icchantika)之流，亦有佛性，只是由於無明覆蓋着，不能顯現而已⑬。

般若文獻的不取不捨的思想或妙用與《大般涅槃經》的佛性思想，特別是後者，對中國佛教的發展，有巨大而深遠的影響。不過，這兩者都少有碰頭的機會。般若文獻盛談般若波羅蜜多(prajñāpāramitā)，表示完全的、完滿的智慧，又說般若智(prajñā-jñāna)。對於諸法的不取不捨的妙用，都從般若智來說。但智或智慧的涵義是偏於發用方面的，它應有其所本，這應是心體；更徹底地說，應是佛性。成佛的基礎在覺悟，覺悟是心的作用；而心能發智慧，使人覺悟而成佛，故心應可說是成佛的潛能，或成佛的可能性，這即是佛性。這種理解，是很自然的事。不過，般若文獻還是很少談佛性的問題。其中一個可能的理由是，般若的思路總是傾向遮詮、遮撥方面，透過否定的方式來展示諸法的眞相，或眞理。像佛性這種具有正面的、肯定的涵義的觀念，般若思想大概難以容納。但隨着義理的發展，遮詮或否定的方式雖然可以避開一些思想的、概念的難題，例如囿於概念的有限性或做成概念的封閉性之類。但光是說遮詮、否定，終究難免淪於一偏，而成偏見，或邊見；只見眞理的負面，而不見它的另一面，即正面。爲了消除這種流弊，佛性思想便應運而生。《大般涅槃經》所盛言的佛性的常、樂、我、淨的殊勝德性，顯然可以中和由遮詮、否定的思路所帶來的偏於一邊的流弊。事實上，《大般涅槃經》是較般若文獻爲後出的。爾後發揮如來藏思想的經典，如《勝鬘經》(*Śrīmālādevīsiṃhanāda-sūtra*)和《楞伽經》(*Laṅkāvatāra-sūtra*)，大抵也是基於這種思想背景而興起的。如來藏即是佛性也。不過，這些文獻，却又少談般若智慧的不取不捨的妙用方面。

把般若智慧的不取不捨的妙用依附到佛性上來說，或積極地發揚佛性的不取不捨的妙用的，是南宗禪，特別是《壇經》。不過，《壇經》很多時不用「佛性」這一字眼，而用「自性」；意思仍是一樣，只是「自性」更有自覺的涵義，更能顯示作爲成佛基礎的潛能的內在性。關於這點，我們在上一節介紹慧能因聽聞弘忍講說《金剛經》而開悟這一故事中已可以看到。慧能開悟後，到了南方，卽當衆宣稱：

> 於一切法不取不捨，卽是見性成佛道。（三五〇下）

這是以對一切法不取不捨來說佛性的顯現。這不取不捨，其實卽是佛性自身的作用。慧能在解釋大或摩訶（mahā）一詞時又說：

> 自性能含萬法是大。萬法在諸人性中。若見一切人，惡之與善，盡皆不取不捨，亦不染著，心如虛空，名之為大，故曰摩訶。（三五〇中）

這是進一步強調對象世界的種種物事，不以善、惡的分別心加以分割之，因而善則取之，惡則捨之。却是教人超越這善、惡的二元對立，對善、惡之事物，不取不捨，只是隨機運用而已。這種隨機運用，亦不限於一般的物事，卽作爲覺悟境界的涅槃（Nirvāna），也是一樣的對待。這個意思，可見於下面慧能一偈中：

> 無上大涅槃，圓明常寂照。凡愚謂之死，外道執為斷。諸求二乘人，目以為無作。盡屬情所計，六十二見本。妄立虛假名，何為真實義？惟有過量人，通達無取捨。以知五蘊法，及以蘊中我，外現眾色象，一一音聲相，平等如夢幻，不起凡聖見，不作涅槃解，三邊三際斷。常應諸根用，而不起用想，分別一切法，不起分別想。（三五七上—中）

整首偈都在發揮不取不捨的思想或修行。凡夫、外道、二乘修行者對於涅槃，都有不正確的理解，這都來自妄情計執，以至於生起多種（六十二種）邪見。只有具有智慧的人，能通達涅槃的眞相，因而對之不起取捨的分別心。不取著涅槃，因而不捨棄世間；不捨棄涅槃，因而不滯於世間。這便是不取不捨。對於五蘊所代表的現象世界，也視之爲平等平等，空無自體，不起凡聖二分的分別想法。最後幾句「常應諸根用，而不起用想；分別一切法，不起分別想」，很有意思。這很能顯示不取不捨的妙用的旨趣。一個能體證佛性或自性的人，他的感覺機能（諸根）能不斷在世間起用，但並不生起妙用的想法，因而不爲某一妙用所束縛，能起這一妙用，也能起那一妙用。能分別諸法的相異之處，但並不生起分別的想法，爲分別意識所束縛，因而能於異中見同。對於這「分別一切法，不起分別想」的意思，慧能在另一處談到一相三昧的禪定問題時，有很重要的補充。他說：

> 若於一切處而不住相，於彼相中不生憎愛，亦無取捨，不念利益成壞等事，安閒恬靜，虛融澹泊，此名一相三昧。（三六一上－中）

事物的相（laksana, characteristic），就作爲感官的對象言，自是各別不同，因而使人生憎愛之情，跟着便有取捨的行爲。但不管是取抑是捨，都足以障蔽吾人對眞相的了解；這眞相即是緣起無自體因而是空這一性格。這是平等的，任何事物的眞相都是這樣。故慧能教人不起憎愛，不取不捨，俾能保持虛靜的心境，與眞相或眞理相照面。

佛性或自性的這種對於諸法的不取不捨，確有它的奇妙性格。我們日常的理性，都有排中的思想傾向，這卽是邏輯中所說的排中律（Law of the Excluded Middle）。卽是，就有關取與捨的事例來說，我們不取著事物，便表示我們是捨棄事物；另一方面，我們不捨棄事物，便表示我們取著事物。取與捨是相對反的，不是這個便是那個，不是那個便是這個；此中並沒有第三個可能性，或中間的東西。這便是排中。但《壇經》說自性，却不是這樣，却是它既不取著也不捨棄事物，在事物中表現靈機無滯礙的運作、作用。這便是所謂「妙用」了。「妙用」這個詞彙，也出自《壇經》。慧能謂：

> 汝若欲知心要，但一切善惡，都莫思量，自然得入清淨心體，湛然常寂，妙用恆沙。（三六〇上）

> 念念無滯，常見本性真實妙用，名為功德。（三五二上）

即是說，對一切事物不起善惡的分別，因而不起住於善而捨惡的行爲。這是體現心體的要訣。一切心念必須不能有滯礙。《壇經》到處都以心說性，因而亦可說這是體現自性的要訣，實亦是自性自身的表現。若能這樣，心體或自性便能一方面保持寂然的狀態，一方面却又有恆河沙數般無量數的妙用。這眞是體用無間，動靜一如也。

對諸法的不取不捨的妙用，預認一種不取不捨的主體，或主體性，這也是上文提到的游戲三昧的主體性。這主體性是慧能綜合了般若文獻的不取不捨與《大般涅槃經》的佛性思想而建立起來的。我們以爲這主體性是南宗禪或《壇經》的思想特質。這是佛教的其他派系（包括北宗禪在內）所沒有的。慧能的自性，便是這種主體性。對於這樣意義的主體性，慧能更透過具體的實踐的方式展示出來，這便是「無」的實踐。「無」是道家的一個老觀念，在《老子》中，它指作爲萬事萬象運行的基礎的那個形而上的原理，是實體（Substance）義。其後佛教傳入中國，爲了使艱深的佛教義理，特別是空的義理，易於爲人所理解與接受，佛教徒便以《老子》的無，來詮釋般若文獻的空。這是「格義」的一種有代表性的表現。這是大家都知道的事了。慧能在《壇經》中特別強調無。不過，這無絕不是《老子》的無，也不全是般若文獻的空。它是指我們的主體性的那種不取不捨的妙用或實踐。若要說主體性，它便是「無之主體性」。這「無」的義理，是《壇經》的思想特質。它的具體顯示，便是慧能所極爲重視的三面實踐 (threefold practice)：無念、無相、無住。以下我們即詳論這三面實踐。

三、無念、無相與無住

慧能在《壇經》定慧品中正面地就實踐面來闡釋他的禪法，所謂「法門」。他宣稱：

> 我此法門，從上以來，先立無念為宗，無相為體，無住為本。無相者，於相而離相。無念者，於念而無念。無住者，人之本性，於世間善惡、好醜，乃至冤之於親，言語觸刺，欺爭之時，並將為空，不思酬害。(三五三上)

這便是無的法門，或三無法門。「宗」、「體」、「本」並沒有根本的分別，都表示有基本的重要性的意思。對於這三無法門，都需要就不取不捨這一思路來了解。對於諸法的種種樣相，不必刻意捨棄，但要和它們保持距離，不要被任何樣相所繫縛、所束縛，要能「離相」。否則，便只能見一相而不能見其他的相了。這是「無相」。在我們的日常生活中，總會有種種想法、念頭生起，這是很自然的事，不必刻意壓止；但不能停滯於某一種想法或念中，否則，我們的心思便會被它所窒息，不能活轉了。這是「無念」。至於無住，慧能是扣着空來說的。他教人對於世間一切相對的事物與關係，如善惡、美醜、怨親，都不要刻意起分別，因而起相應的、相對的回應，如怨(冤)則害之，親則酬之。此中的理由是，諸法都是緣起而得成就，並無常住不變的自體，它們的性格，爲善爲惡，爲美爲醜，都是我們意識上的施設。若對之刻意起分別與回應，無異是自己以意識封限了自己。

跟着慧能對這「三無」有較詳盡的闡釋。要注意的是，這無念無相與無住的三面實踐，意思是相互牽連的，三者的關係非常密切，其中心思想卽在自性的對諸法的不取不捨的妙用中。任何一面「無」的實踐，都不能在離開其他二者的脈絡下理解。關於無住爲本，慧能說：

念念之中，不思前境。若前念、今念、後念念念相續不斷，名為繫縛。於諸法上念念不住，卽無縛也。此是以無住為本。（三五三上）

念有所念，這卽是境。我們對所思所念的境，在思念過後，便應忘却，不應滯著於其中。不然，便會爲這境所束縛，不得自由。必須對境隨念隨忘，心靈或主體性才能恆常地保持機靈動感，才能起用無窮。而對境的忘却，亦不必是絕對義的捨棄。任何的境，都是可以再現的。

關於無相爲體，慧能解釋說：

外離一切相，名為無相。能離於相，卽法體清淨。此是以無相為體。（三五三上）

外境呈現於我們的感官之前，而有種種不同的相狀。這些相狀只在心境的相對關係中成立，它們自身並無常住不變的自體，不能說實在性。對於這些相狀，我們不應取著，而應就其爲無自體、無實性而了解之，這卽是法體、法的本性。這其實是空的另一表示方式。

關於無念爲宗，慧能解釋說：

於諸境上，心不染，曰無念。於自念上常離諸境，不於境上生心。若只百物不思，念盡除却，一念絕卽死，別處受生，是為大錯。學道者思之。若不識法意，自錯猶可，更誤他人，自迷不見，又謗佛經。所以立無念為宗。（三五三上）

無念卽是對於外境不起染著。「不於境上生心」，此心是分別心、妄執心，以境爲有自體的心念。這種心念必須捨棄。要注意的是，無念絕不是不作念想，心靈不起運作之意，不是「百物不思，念盡除却」，以至「一念絕卽死，別處受生」之意。若是這樣，則生命便如槁木死灰，了無生氣。無念却是在念想、念慮中運作，而又不爲念想、念慮所滯。這無念自是主體性的活動。是甚麼主體性呢？慧能標之爲「眞如自性」。他繼續說：

> 云何立無念為宗？只緣只說見性，迷人於境上有念，念上便起邪見，一切塵勞妄想從此而生。自性本無一法可得，若有所得，妄說禍福，卽是塵勞邪見。故此法門立無念為宗。善知識，無者無何事？念者念何物？無者無二相，無諸塵勞之心。念者念真如本性。真如卽是念之體，念卽是真如之用。真如自性起念，非眼、耳、鼻、舌能念。真如有性，所以起念。真如若無眼、耳、色、聲，當時卽壞。善知識，真如自性起念，六根雖有見、聞、覺、知，不染萬境，而真性常自在。（三五三上－中）

眞如自性是一個有新意的概念，且是複合的。它表示眞如與自性等同。在哲學上，這表示眞理（眞如）與主體性（自性）是同一，眞理並不外在於主體性。文中說「迷人於境上有念，念上便起邪見，一切塵勞妄想從此而生」，從這裏我們可以了解無念中的念的確義，和無念自身的確義。於境上有念，念上起邪見，這意思顯然是對境有滯着，而起不正確的了解，甚至邪見；以爲境是有自體的、常住不變的。這便不見空的正理。一切煩惱（塵勞妄想）便由此生起。這種念必須要否定、要無念。是誰去「無念」呢？這便是眞如自性。故眞如自性是無念之眞如自性，這種主體性是無念之主體性，或無之主體性。從這點看，文中的後半段在行文上是有些問題的，需要清理的。文中謂無是無二相、無諸塵勞之心，因而無是遮撥之意。

但「無念」的「無」所遮撥的「念」，文中却說是念眞如本性，是發自眞如而作爲眞如的運作（用）的念，是眞如所起的念。這便不順適。因念若是眞如所起的念、運作，則不應有染著，應是清淨的，不必「無」，也不應「無」。我想這裏慧能其實是說眞如的那種沒有念慮、分別之念的運作，或念，這卽是「無念之念」。前一「念」表有分別妄執的念，後一「念」則表無分別妄執的念。我們是不可能沒有念想的；沒有念想，心靈運作便停滯，失去生機。這不是慧能的意思。他的意思應是，在念想中，我們不住著於這念想，不在這念想中起虛妄執着。這便是沒有虛妄念想的念想，亦卽無念之念。關於這點，後面會再有補充。

以上是《壇經》第四定慧品對三無（無念、無相、無住）的闡述。如上所說，這三無的意思是各各相涵的。如無念是不於境上生起邪見，而滯著於其中，這顯然有無住的意思。於境上生起邪見，這亦是著於境之相，要避免這種做法，自然要不著於境之相，這便是無相。這種各各相涵的關係，這裏不多贅。我們要指出的是，在這三無的三面實踐中，慧能較注重無念。在定慧品是如此，在經中的其他處，亦顯示這一傾向。爲了對這三無作進一步了解，我們要就經中他處說到這種思想的地方，闡述一下。

首先看無住。上面提到，慧能是扣着般若文獻的空的思想來說無住的；他開悟的關鍵，是《金剛經》的那句「應無所住而生其心」。另外，《壇經》多次提到《維摩經》（見第五節），而該經的一個很著名的說法，是「從無住本立一切法」[14]。另外，較慧能早出的天台宗智者大師，亦曾多次論及無住本及以之立一切法的問題[15]。慧能說無住，很可能受到這些說法的影響，起碼受過《金剛經》思想的啓發。上面我們解釋定慧品所說的無住時，強調慧能是以空的義理來化解我們對世間事物的相對意識與滯著。這涵有我們對世間事物需保持一種任運通流的態度的意思，能任運通流，才能無滯礙，心靈才不會為事物所束縛。關於這個意思，《壇經》在別處說得很清楚。

迷人看法相，執一行三昧，直言常坐不動，妄不起心，卽是一行三昧。作此解者，卽同無情，却是障道因緣。善知識，道須通流，何以却滯？心不住法，道卽通流。心若住法，名為自縛。（三五二下—三五三上）

此中的關鍵語，自是「道須通流」。道是道路、眞理。上面我們解慧能的「眞如自性」，說慧能有眞理卽主體性的意思。故道須通流，卽主體性須通流。能通流才能不滯。通流、不滯都是就主體性在萬法的運作中說。如何才能達致這個境界呢？慧能謂「心不住法」，卽心靈或主體性不住著於任何物事中。這便是無住。對於這種境界，慧能又以偈表示如下：

兀兀不修善，騰騰不造惡，寂寂斷見聞，蕩蕩心無著。（三六二中）

主體性不住著於相對性的善惡中，因而是任運自由，蕩蕩然無所寄。能無所寄，亦自然可以無所不寄。

般若文獻說空，是空却作為生滅法的事象的自體，亦有空却作為不生不滅的眞理的空的自體之意，這卽是所謂「空空」，表示空的自體亦是沒有的，亦要空却[16]。這種空空的說法在《壇經》的無住思想中亦是相當強調的。慧能說：

莫聞吾說空，便卽著空。第一莫著空。（三五〇上）

無著或無住的對象，除了世間法外，還有出世間的空。

上面剛說過的意思，在《壇經》亦以無相的說法被表示出來。這實是《壇經》定慧品說無相的一個很好的補充。慧能說：

世人外迷著相，內迷著空。若能於相離相，於空離空，卽是內外不迷。若悟此法，一念心開，是為開佛知見。（三五五下）

此中以外說相，應是指外境而言。以內說空，不一定很順適。其意都是教人要離相，不住著於外境的相，也不住著於空的相。總之，相是不能執取的，不管是生滅法（外境）的相，抑是不生不滅的眞理（空）的相。兩頭不取，才是無相的整全意思。

至於無念，無論在定慧品或他處，都有詳盡的闡述。例如，慧能在他處說：

何名無念？若見一切法，心不染著，是為無念。用卽遍一切處，亦不著一切處。……使六識出六門，於六塵中無染、無雜，來去自由，通用無滯，卽是般若三昧自在解脫，名無念行。……若百物不思，當令念絕，卽是法縛，卽是邊見。善知識，悟無念法者，萬法盡通；悟無念法者，見諸佛境界；悟無念法者，至佛地位。（三五一上—中）

這裏以心不染著一切法來說無念，以念爲念諸法，很明顯地是取無住的意思。無念與無住，意思是相通的。「用卽遍一切處，亦不著一切處」，有不取不捨之意。用自是佛性或自性的起用，這起用遍及一切處，在一切物事中作用。若無物事，則這用便無所施了；故這有不捨的涵意。不著一切處，卽是不取。另外，慧能很強調無念不是沒有念，完全不起思慮作用的意思，而是在起念慮中，要常保持清明自由狀態，不爲所起的念所束縛的意思。「若百物不思，當令念絕」，生命心靈便枯槁，是不成的。這不斷念慮的意思，在他處更有強調：

又有迷人，空心靜坐，百無所思，自稱為大。此一輩人，不可與語。（三五〇中）

莫百物不思，而於道性窒礙。（三六〇下）

惠（慧）能沒伎倆，不斷百思想。（三五八中）

慧能的意思很明顯，思想或思慮絕不是壞事，我們的自性，也實在要時常思想、思慮，才能表現與發揮其妙用。問題是自性不能繫於思想、思慮自身，也不能繫於所思想、所思慮的東西中。這便是無念，或無念之念，或上引定慧品所說的「念而無念」。種種說法，都是一樣。

以上是《壇經》對無念、無相與無住的說法。這三無都是就對諸法不取不捨而起妙用言。無相與無住固是就諸法言，卽無念亦不例外。剛才說慧能以心不染著一切法來說無念，卽是以念爲念諸法之意。另外，念自身亦可作爲一種心法看，對於這種心法不取不捨，亦可爲無念的所涵。若取著某一心法，則其他的心法或念便無法生起。另一方面，我們亦不必或更不能捨棄心法或念，因這表示主體性運作的停滯。故對於心法或念應不取不捨。

總的來看，《壇經》對三無的說法，還是較偏重不取方面的意思，這從上面的引文也可看到。但不捨的意思還是在那裏。經文多次說到自性含具萬法，以至建立、生起萬法，如上引慧能聞《金剛經》而開悟所說的話。他也曾就建立萬法來說功的問題：

> 自性建立萬法是功，心體離念是德。(三五二上)

也曾就成一切相說心：

> 成一切相卽心，離一切相卽佛。(三五五上)

這是在討論卽心卽佛的問題。慧能認爲心、佛是在根本上無差異的，只是動態、靜態不同而已：心傾向於動態，佛則傾於靜態。在本質上，動靜仍是一如。「成」一切諸法的相，語氣較不捨更爲積極[17]。

故不捨的意思，還是在那裏，慧能只是較多說不取而已。實際上，他認爲最高的教法(最上乘)，是同時不取不捨的。他說：

見聞轉誦是小乘，悟法解義是中乘，依法修行是大乘，萬法盡通，萬法俱備，一切不染，離諸法相，一無所得，名最上乘。（三五六下）

只會背誦文獻，不求甚解的，是小乘；只從事義理上的、概念上的了解的，是中乘；理解後而依教法來修行的，是大乘。即使是大乘，還未臻完滿。必須順着不取不捨的思路或方法來實踐，才是最完滿、最上乘的教法。「萬法盡通」，而又「萬法俱備」，便有不捨的意思，且語氣更有正面性、肯定性。能通才能說妙用。「一切不染，離諸法相，一無所得」，正是不取的意思。

四、無之哲學與實踐

由這無念、無相與無住思路所開出的禪，可以說是無之哲學與實踐。它的內涵是自性或主體性對諸法表現爲不取不捨的妙用，或對諸法的不取不捨的妙用依附在自性或主體性中說。這裏所謂「哲學」與「實踐」，是連繫在一起而成一總體或綜合體（integrity）的。哲學不是離開實踐的概念的組合，實踐也不是沒有哲學觀念所表示的精神方向的一套行爲。却是哲學表現於實踐中，實踐也以哲學爲基礎。就無相來說，諸法的性格本是緣起無自體，是空，它們有如是如是的相或相狀，只是這些緣起無自體的東西呈現於我們的感官，使感官有如是如是的相狀而已。因此我們不應對之取著，亦不必捨棄之。緣起無自體是哲學，不取不捨是實踐。不過，緣起無自體這種性格，須在實踐中體會，才有眞切的、眞實的涵義；而不取不捨這種做法，亦須有義理上的基礎，才能有方向。故哲學與實踐，在禪來說，是密切地聯繫着的。

就無相的情況來說，哲學與實踐的結合，成就了對諸法的相狀同時不取不捨的無相之主體性。

其實慧能的無之哲學與實踐，不必到他在定慧品中提出三無的思路時才開出，早在行由品他提出著名的「無一物」偈時，已具雛形。按行由品，五祖門下神秀與慧能各作一偈，以顯示自家的開悟境界。神秀的偈是：

身是菩提樹，心如明鏡台，時時勤拂拭，勿使惹塵埃。（三四八中）

慧能的偈是：

菩提本無樹，明鏡亦非台，本來無一物，何處惹塵埃？（idem.）

我們在另一文中⑱已提過，神秀的偈顯示出作者把心體看成是一清淨如明鏡的主體性，且把它置定在一個超越的位置，因而造成心體與萬法、超越與經驗分成兩截的二元對立形勢。慧能偈則無此二元對立的問題。它並未把主體性與萬法分別置定在超越的與經驗的位置，本來「無一物」也。却是兩者同起同寂。有作用時便同起，未有作用時便同寂。此「時」亦非時間義，而是理論義。主體性與萬法，都是在作用的脈絡下說。既是在作用方面同起同寂，故主體性對萬法，並無要取要捨的問題，因而是不取不捨。此中根本不表現取、捨的意識。但倘若不是這樣，倘若主體性與萬法被分別置定在那裏，不是同起同寂，則在二元對立的形態下，主體性對萬法勢必有取或有捨；取則萬法泯沒於主體性中，捨則萬法一寂便永寂。無論是取是捨，都有泯滅萬法的傾向，這便流於出世與消極，這不是健康的精神方向。惟其主體性能不取不捨，才能保住諸法，才能真正顯示現世情懷，才是健康的精神方向。這裏我們是以現世情懷來說健康的精神方向也。

這「無一物」是慧能偈的關鍵語。其後慧能也曾多次提到這語句或相似意思的語句：

世人妙性本空，無有一法可得。（三五〇上）

說似一物卽不中。（三五七中）

若悟自性，亦不立菩提涅槃，亦不立解脫知見。無一法可得，方能建立萬法。（三五八下）

上兩句的所說，都是就主體性言，但仍不出上面的意思。卽是，主體性不能如我們一般看外物那樣，可以被置定於某一個位置中，因而將之看成一個對象，或對象化。最後的引文：「無一法可得，方能建立萬法」，意思深微，耐人尋味。此似是就主體性對萬法的作用而言，其意是，主體性不執取任何一法，才能成就其他的萬法。爲甚麼呢？依我們的理解，倘若主體性爲任何一法所囿，而執取之，則可能造成對主體性的束縛，使之無餘暇照顧、成就其他萬法。「無一法可得」是不取，「方能建立萬法」是不捨。合起來，剛好是不取不捨。此仍是指涉主體性對萬法的態度與作用問題。

無一物與不取不捨思想成就了禪的主體性，也直逼出這主體性的一個很根本的性格，這卽是「不二」或「無二」。在哲學來說，二表示二元對立，是相對層面；它的作用是分割(bifurcation)。絕對的眞理是不能由這個層面說的，它是一個絕對的整一體，不能被分割。任何二元的對立概念，不管是善惡、有無、一多、動靜之類，都勢必淪於相對的邊見或偏見，障礙眞理的呈現，也破壞它的絕對性與整一性。故要顯現眞理，必須破除一切二元對立的關係。這是一種哲學思想，也是一種實踐；在《壇經》來說，便是「不二」或「無二」。由於慧能以心或主體性來說性或眞理，故「不二」、「無二」亦可顯示主體性的性格，這是絕對的性格。這性格自身是一種思想，需要透過實踐來體證。

在《壇經》中，有關無二的說法是很多的。以下是一些例子：

> 佛性非常非無常，……佛性非善非不善。……無二之性，即是佛性。（三四九下）
>
> 明與無明，凡夫見二，智者了達其性無二。無二之性，即是實性。（三六〇上）
>
> 善惡雖殊，本性無二。無二之性，名為實性。（三五四下）
>
> 識自本心，見自本性，無動無靜，無生無滅，無去無來，無是無非，無住無往。（三六二上）
>
> 若解用即道，貫一切經法，出入即離兩邊，自性動用，共人言語，外於相離相，內於空離空。若全著相，即長邪見；若全執空，即長無明。（三六〇中）
>
> 但一切善惡都莫思量，自然得入清淨心體。湛然常寂，妙用恆沙。（三六〇上）

最後兩段文字，且有很重的實踐意味。這點是很明顯的，我想不必多作解釋。這裏我們要強調的是，任何二元的對立概念，都是「無一物」，我們都應不取不捨，才能顯現主體性的智慧的妙用。就佛教的立場來說，二元的對立概念的所指，不管是狀態（例如動、靜）、關係（例如左、右），或性質（例如善、惡），都是我們的分別心識計度的產物，在客觀方面，並不是眞有那件東西擺放在那裏。它本來是無的，「無一物」也。對於這些東西，我們習慣於採取一種或取或捨的反應，例如取善捨惡，或取動捨靜。不管是取抑是捨，都會使我們的內心失去平衡；也無從發揮主體性的妙用。若是取之，則會爲所取所束縛，不能發揮其他的妙用；若是捨之，則會淪於斷滅，妙用便無處可施。故慧能教人無一物，不取不捨。這些義理，都是無之哲學的所涵。無之哲學的目標，自是要我們從相對性的二元對立的層面超越上來，而臻於絕對的境地。這便是慧能所說的「佛性」、「實性」，或「自性」。這都是主體性的異名。

說到無二或不二的問題，我們自然會想到《維摩經》。這部經典以宣示不二法與入不二法門見稱。維摩（Vimalakirti）居士最後且現身說法，以「默然無言」的方式，顯示眞入不二法門，引來文殊師利（Mañjuśrī）菩薩無比的讚嘆[19]。就不二的涵義言，《壇經》與《維摩經》的理解都是一樣的，都是要超越相對性的二元對立的層面以展示絕對的境界。不過，《維摩經》說入不二法門，是只就菩薩這種理想人格的實踐言，此經入不二法門品第九開首即介紹維摩居士對諸菩薩所提的問題：

> 諸仁者，云何菩薩入不二法門？各隨所樂說之。[20]

《壇經》則不同，它是就佛性或自性的性格說，即是，佛性或自性具有由不二或無二所表示的絕對的性格。故兩者說不二的脈絡不盡相同。

不二或無二是否定相對概念的兩端，這是一種雙邊否定。在佛教的傳統，雙邊否定總是指向中道這一目標。佛陀或原始佛教教人不要搞苦行，也不要縱情欲樂，應行中道，便有這個意思。中道的實踐意味是很重的[21]。爾後的大乘佛教，大多言中道。特別是中觀學（Mādhyamika），更以發揮中道的義理與實踐著稱。《壇經》也論到中道。慧能謂：

> 若有人問汝義，問有將無對，問無將有對，問凡以聖對，問聖以凡對。二道相因，生中道義。如一問一對，餘問一依此作，即不失理也。（三六〇下）

這樣說中道，與傳統佛教的說法不同。它充滿靈機與動感，可使人當機立悟。即是，它是以相對概念的一端（如有）與另一端（如無）作對比，而將之消去，自家亦消去，結果兩端都否定掉，同歸於寂，中道即在這種兩端否定，同歸於寂的脈絡下顯示出來。這表示絕對的眞理是不能以任何相對的概念來說的。傳統佛教說中道，通常是透過同時否定相對的兩端而顯；以一端來抵消另一端，而同歸於寂的方式是很少見的。從這點亦可看到南宗禪妙用的一面。

以上的所述，是《壇經》所展示的南宗禪的無之哲學與實踐，它的思想骨幹在佛性、自性或主體性對諸法或現象世界的不取不捨的妙用方面，《壇經》和南宗禪的思想特質，都應從這裏說。從哲學理論言，慧能實已把「無」在主體性對世界的不取不捨的妙用這一脈絡下，提煉成一個理念（Idea）。爾後南宗禪的發展，不管是義理方面，抑是實踐方面，都是環繞着這個理念而展開的。這點可以在南宗禪的很多基本典籍中得到證明。即使是發展到公案禪，「無」字也成爲一核心的公案，爲修禪者所必須通過的門關。著名的公案禪結集《無門關》，便是以「無」字命名。作者無門慧開在這部公案結集的開首，便開宗明義地說：

> 佛語心為宗，無門為法門。[22]

又說：

> 大道無門，千差有路。透得此關，乾坤獨步。[23]

「無門」中的「無」，可指遮撥義的無，亦可指理念義的無。若取後者，則是無之門，是參透無之哲學的實踐或方法、門徑。在該結集的第一則題爲「趙州狗子」的公案中，無門慧開又說：

> 參禪須透祖師關，妙悟要窮心路絕。……且道：如何是祖師關？只者一箇無字，乃宗門一關也。遂目之曰禪宗無門關。透得過者，非但親見趙州，便可與歷代祖師，把手共行，眉毛廝結。同一眼見，同一耳聞，豈不慶快！莫有要透關底麼？將三百六十骨節，八萬四千毫竅，通身起箇疑團，參箇無字。晝夜提撕，莫作虛無會，莫作有無會，如吞了箇熱鐵丸相似，吐又吐不出。蕩盡從前惡知惡覺，久久純熟，自然內外打成一片。如啞子得夢，只許自知，驀然打發，驚天動地。如奪得關將軍大刀入手，逢佛殺佛，逢祖殺祖。於生死岸頭，得大自在；向六道四生，遊戲三昧。且作麼生提撕？盡

平生氣力，舉箇無字。㉔

這段文字的涵義，精妙之極，禪的無之哲學與實踐的動感與力量，表露無遺。這實在把禪推至一個高峰。不過，由於這不是本文要討論的範圍，這裏便就此打住，由讀者自己去推敲、領會其中的精妙之意。

五、不是不立文字，而是不取不捨文字

最後，我們想澄清兩個問題，這都與上面所說的禪的思想特質有關。第一個問題是，很多人把禪理解爲以孤寂爲目標的修行法，所謂「禪寂」。禪當然有其孤寂的一面，特別是在修行的途程中，到某一個階段，是需要與外界隔離，俾能專心於生命的淨化。但這決不是禪的終極目標。禪的終極目標，就南宗來說，還是在轉化世間方面，一切不取不捨的妙用，都不能離開這個目標。修禪而淪於光板孤寂，超離世間，只是不善修學而已。這在宗門被譏爲蛤蟆禪、老婆禪，或野狐禪㉕。

另外一個問題是，很多人以爲禪是不立文字，甚至要捨棄文字，排斥以文字來記載祖、佛的覺悟經驗的經典。這是不正確的，起碼作爲南宗禪的哲學與實踐的基礎的《壇經》，並不是如此。南宗禪是禪的主流，我們通常也以它來概括禪。

實際上，慧能在《壇經》中常提到或引用佛經。此中包括《金剛經》㉖、《大般涅槃經》㉗、《維摩經》（《淨名經》）㉘、《楞伽經》㉙、《法華經》㉚、《菩薩戒經》㉛。另外，整部《壇經》有很多處提到般若波羅蜜多，可見它與般若思想的淵源，非常深厚。慧能自己也曾

明確地說：

吾傳佛心印，安敢違於佛經？（三五九上）

經有何過，豈障汝念？只為迷悟在人，損益由己。（三五五下）

慧能對經典的態度，非常清楚。他自認自己的所傳，並不違於佛經；佛經自身絕不足以構成吾人在思想方面的障礙。吾人或迷或悟，都是自己負責。這裏似隱含一個意思：慧能固不排斥經典，亦不鼓勵人過分倚賴經典，却要人努力修為，基本上以自家的力量進於佛道。至於文字，那是用以構成經典者，慧能亦從未排斥，亦未提倡不立文字。他對文字的態度，就關連到誹謗經典的問題，表示如下：

執空之人有謗經，直言不用文字。既云不用文字，人亦不合語言。只此語言，便是文字之相。（三六〇中）

又說：

直道不立文字，卽此不立兩字，亦是文字。汝等須知，自迷猶可，又謗佛經。不要謗經，罪障無數。（Idem.）

慧能不但反對人誹謗經典，因為這樣會招來罪障、惡業。他對那些要捨棄文字的人也不以為然。文字的外在表現（相），便是語言；捨棄文字，也應捨棄語言，這是不當的。另外，「直道不立文字，卽此不立兩字，亦是文字」，卽是說，文字有它自身的作用，卽使我們說不立文字，否定文字的存在價值，我們仍要靠文字來表示這個意思。這種論證不是很好。維摩居士不是以默然無言來表示入不二法門麼？這顯示出要超越文字，並不一定需要文字來做，不一定要「以言遣言」的。不過，慧能的意思很清楚，他未有提倡不立文字，也未否定文字的作用與價值。

儘管是這樣，宗門發展至後期，還是有呵祖罵佛的事發生，有人燒毀佛經，和焚燒佛像。這殆是慧能想像不到的。這些極端的事情的發生，恐怕有其背後的原因。一般的推測是，禪發展至末期，佛、祖師與經典的地位越來越高，特別是前二者，高至被宗徒當作偶像和咒文來崇拜，這大違六祖慧能強調的自悟、自覺的理性的精神。因此有人呵祖罵佛，燒毀佛經、佛像來提醒宗徒不要攬偶像和咒文崇拜，這是很可理解的。這種做法，實有其象徵意義(symbolism)。不過，這並不足以顯示禪特別是慧能禪不立文字。

慧能對文字經典到底持甚麼態度呢？他未有說不立文字，也對不用文字的人不以爲然。這很明顯表示他對文字(經典)持不捨的態度。但這並不意味他非常重視文字經典。他雖說佛經沒有「過」，又說自己不敢違背佛經，但他畢竟念念在自悟，強調「迷悟在人，損益由己」。覺悟的關鍵，在乎自己能否憑自己的力量，開出智慧的火花。佛經在這方面幫不了很大的忙。若自己能開出智慧的火花，而得覺悟，則一切佛經都可以作爲覺悟的註脚，因而可以「轉經」。否則，若只識背誦經文，而不求自悟，則只能跟着經文的脚跟轉，或是「被經轉」。對於這個意思，他說：

> 口誦心行，卽是轉經。口誦心不行，卽是被經轉。(三五五下)

他並說下面一偈：

> 心迷法華轉，心悟轉法華。誦經久不明，與義作讎家。(Idem.)

「法華」卽《法華經》，泛指一般佛經。「心行」卽是主體性能作用，能實踐。「心不行」則否。這「心行」是覺悟的關鍵，要靠自力。口誦經文是無關重要的。若主體性能開發出智慧的火花，則能覺悟，一切經典都成了覺悟的註脚。這表示慧能並不很重視經文，或口誦經文，他對文字經典的態度，殆是勸人不要取著它們，一切要以自家覺悟爲主。

我們以爲，慧能對文字經典的態度，是既不捨棄，亦不取著，卽是不取不捨。這亦可以說是主體性或自性的一種妙用。

後記

這是一篇透過《壇經》來看南宗禪的思想特質的文字。我們把南宗禪的思想，歸結到無之哲學與實踐上去；此中的焦點，是無之主體性對諸法的不取不捨的妙用。實際上，學界研究《壇經》思想的文字很多，我自己也看過不少。這裏我只把自己的見解寫出來。這些見解，恐怕也受了現有的研究成果的影響。關於這些研究成果，我並不全感覺滿意。我在這篇文字中能做到甚麼程度，自己也不敢說，也不便說。這有待高明的讀者來作評論了。在這裏我只想補記一點，這便是日本的禪學宗師久松眞一以「無相的自我」來說禪（特別是南宗禪）的主體性的問題。對於這一說法，我是抱保守態度的。依久松，「無相的自我」(Formless Self) 指那超越一切相對相狀，不執取任何特徵的眞正的自我，或眞我(True Self)。這個說法，散見於他的很多著作中[32]。首先，「無相」一詞與般若思想和中觀學有密切的關連。它們盛言三三昧（三種禪定、觀法），其中卽有無相三昧[33]，其意是我與所有的東西都是緣起而成，都無自體，都是空，因而沒有固定不變的相對相、差別相，我們不應對之起執。慧能說無相，大抵也是這個意思，不過，他是附在自性或主體性的脈絡下說。故「無相」不必能「在性格上確定」(characterize) 禪的特質。再者，《壇經》說三無：無念、無相、無住，如上文所示，無念佔較重的份量，若禪是無相，倒不如說禪是無念。實際上，無念更能顯出主體性的靈機與動感。

至於以「自我」說禪，也是可爭論的。《壇經》盛言自性，以之為吾人的主體性，但却少說我。這「我」在佛教中是有些問題的。原始佛教說「無我」，大乘佛教則說如來藏我、佛性我，以常、樂、我、淨來說涅槃。當然這兩種我的意義層面是不同的。「無我」所無的「我」，是執著的我、生死的我；如來藏我、佛性我或涅槃我的「我」則是精神意義的主體性，它有無限性、絕對性、主宰性與規範性。這正是哲學上的「主體性」(Subjectivity)的意思。不過，為了避免引起誤解，我想還是少用「我」為佳，用「主體性」便很恰當。實際上，久松自己也常用「主體」、「主體性」這些字眼來說大乘佛教的精神主體。

在這篇文字中，筆者用「無之主體性」來說禪的精神主體，而不說「無相的自我」，便與上面的考慮有關。「無」固可涵無相，同時亦可涵無念與無住。這「無」當然不是虛無，一無所有，而是對諸法不取不捨的妙用。

附註

❶ 關於這點，請參看本文第五節。

❷ 我們所根據的《壇經》是宗寶編的本子，收於《大正藏》第四八卷中。以下所引《壇經》文字，爲省篇幅起見，不再標「大正藏四八」字樣，而只標頁數與欄位。

❸ 關於這點，參看筆者的博士論文 "Chih-i and Mādhyamika," McMaster Univ., 1990.

❹ 關於這點，參看拙譯柳田聖山著：《中國禪思想史》，臺灣商務印書館，一九八五，三版，頁一—五（引言）；頁一一—一六。

❺ 有關般若文獻的無住的說法，參看拙文〈般若經的空義及其表現邏輯〉，載於拙著《佛教的概念與方法》中，臺灣商務印書館，一九八八，頁二八—三〇。這裏說無住有不取的意思，也有不捨的意思，可以說是基於般若文獻的雙非或雙邊否定的思考方式，即同時否定相對的兩邊或兩端。取與捨正是指向相對的兩邊也。有關這雙邊否定的思考，參看上提拙文，頁二七—二八。

❻ 《大正藏》八．五三七下。

❼ 《大正藏》八．五四一上。

❽ 《大正藏》八．五五三上。

❾ 《大正藏》八．五四一上。

❿ 《大正藏》一二．七六七下—七六八上。

⓫ 《大正藏》一二．七六八上。

⑫ Idem.

⑬ 《大正藏》一二・七六九上。

⑭ 《大正藏》一四・五四七下。

⑮ 例如：《法華文句》卷三，《大正藏》三四・三七下；同書卷七，《大正藏》三四・九一上—中；《維摩經玄疏》卷四，《大正藏》三八・五四五中；《維摩經略疏》卷八，《大正藏》三八・六七七上。

⑯ 關於空空的義理，參看上提拙文〈般若經的空義及其表現邏輯〉，《佛教的概念與方法》，頁二八—三〇。

⑰ 要注意的是，慧能說建立一切法，或生起一切法，並不是構造論或創造論的意思，如西方哲學的那種。他仍然是就佛教的根本的緣起的義理來說。建立與生起一切法，實是成就、成全一切法之爲緣起因而無獨立的自體這一性格之意，而不是要建立有獨立的自體的法，亦不是要透過從無到有的方式來創造一切法之意。

⑱ 指筆者另文〈壇經中神秀偈與慧能偈之哲學的解析〉，刊於本書。

⑲ 關於《維摩經》所論的不二法與入不二法門，參看《大正藏》一四・五五〇中—五五一下。

⑳ 《大正藏》一四・五五〇中—下。

㉑ 有關中道及其實踐，參看拙文〈從巴利文與漢譯經典論原始佛教〉，載於《獅子吼》，第二八卷第四期，一九八九年四月。

㉒ 《大正藏》四八・二九二中。

㉓ Idem.

㉔ 《大正藏》四八・二九二下—二九三上。

㉕ 蛤蟆禪、老婆禪都指疲弱無力、了無生氣的禪法。野狐禪則特別指那些以遠離世間、不落因果的現象界以求獨善其身的禪法。參看《無門關》第二百丈野狐公案（《大正藏》四八・二九三上）。

㉖ 三四九上、三五〇下。

㉗ 三四九下、三五六下、三五九上。

㉘ 三五一上、三五二下、三五七下、三五九下。

㉙ 三五六上。

㉚ 三五五中－三五六上。

㉛ 三五三中。

㉜ 較易找到的有〈究極的危機と再生〉，載於《久松眞一著作集》，第二冊，理想社，一九七二。此文有英譯本：“Ultimate Crisis and Resurrection,” in *The Eastern Buddhist*, Vol. VIII, Nos. 1 & 2, 1975.

㉝ 其他兩種三昧是空三昧與無願三昧。

壇經中神秀偈與慧能偈之哲學的解析

一、前言

衆所周知，《壇經》或《六祖壇經》中有兩首名偈，分別爲神秀與慧能所作，二人都出自五祖弘忍的門下。據《壇經》的作者，神秀偈所表示的境界或覺悟的體驗尚未圓熟，慧能偈則表示圓熟的覺悟體驗；於是弘忍印可後者，而不印可前者。神秀雖是衆望所歸，仍得不到衣鉢；衣鉢傳給了慧能，而爲六祖。

這是南宗禪或頓悟禪的說法。實際的情況是否如此，則不易考證。現代學者實在也做了很多功夫，要把這件禪宗史的大事，清理出一些頭緒來。我們這裏暫不管歷史的與文獻學的事，只想把這兩首偈拿來分析一下，看看它們表示甚麼哲學的涵義，也附及它們牽涉一些甚麼宗教實踐上的問題。

現代學者對禪的研究與講習，依方法的不同，分成很多個派系。其中有兩個學派在西方有很大的影響，作風却是迥然不同。其一是京都學派（Kyoto School），另一則是漢堡學派（Die Hamburger Schule）。京都學派是純哲學與宗教的，或者說是宗教哲學的。它不講求文獻學，對禪宗史的實際發展也不很關心；却是要從對禪的講習與修習，提升自家的生命境界與精神境界。他們也有一種哲學的野心，要以禪來概括東方哲學，建立所謂「無的哲學」、「絕對主體道」。進一步本着這種哲學，與西方思想界展開宗教與哲學的對話（dialogue），要把禪的精神與實踐，帶進西方思想界中，使它得到認可，以至建立它的殊勝的位置。這個學派由日本當代最偉大的哲學家西田幾多郎（Nishida Kitarō）所開出，但把它的精神帶到西方的，却是第二、三代的人物，如久松眞一（Hisamatsu Shin'ichi）、西谷啓治（Nishitani Keiji）、上田閑照（Ueda Shizuteru）、阿部正雄（Abe Masao）諸人。至於漢堡學派，則不是哲學的宗教的，而是文獻學的；它的研究與講習的重點，是公案的問題；在公案的研讀中，推敲其中所傳達的覺悟的消息。這個學派的開山，是德國文獻學大師貢特（W. Gundert），其作風在他對《碧岩錄》的翻譯（*Bi-yän-lu. Die Niederschrift von der smaragdenen Felswand*. 3 Bde. München, 1964, 1967, 1974.）中，表露無遺。在他之後，另一德國學者邊爾（O. Benl）繼承他的學風，繼續以文獻學的進路來講禪。不過，重點却由中國禪轉到日本禪方面去。

在禪的學習中，我與這兩個學派都有直接的關連，在它們中學到不少東西。我對禪的理解，恐怕也受到它們一些影響。不過，在這篇文字裏，我想儘量撇開這兩個學派的影響，特別是漢堡學派，而只就神秀與慧能的那兩首偈作哲學的解析。這樣做是基於這樣一個意念：既然五祖弘忍能只據這兩首偈便能判斷出神秀與慧能誰悟誰未悟（根據南宗禪的說法），我們爲何不能也只據這兩首偈來剖析它們所分別顯示的有關覺悟的體會與消息，看是否能得到與弘忍相同的看法。不過，我們的解剖，自不能包含有那種宗門所重視的神秘主義（mysticism）或神秘經驗（mystic experience）的成分在內。

又《壇經》有多個版本，因而神秀與慧能的那兩首偈在行文上也有些出入，但主要的意思則是一樣，故用哪個版本，影響不大。這裏所據的，是載於《全唐文》中的釋法海所撰的本子。以下我們先看神秀的偈。

二、神秀偈的哲學的解析

神秀的偈是這樣的：

身是菩提樹，心如明鏡台；
時時勤拂拭，勿使惹塵埃。

我們對於這首偈的解析，可歸爲以下諸點：

一、這裏以菩提樹喻身，以明鏡（台）喻心，很明顯地是運用譬喻（analogy）的手法。菩提樹、明鏡都是外物；不管我們會如何把這兩者與覺悟、清淨的性格相連起來（據說釋迦太子最後在菩提樹下成正覺），兩者都是外物，是外在的東西，這是無可置疑的。以明鏡來譬況心，不能不有一種把心推却開去，視之爲外物或對象之嫌。卽是說，這是將心外在化（externalize）、對象化（objectify）。心是覺悟的主體性，是不能外在化、對象化的。另外，身與心同是我們的生命存在的內容，神秀偈把身、心分開來說，以至對說，無異將生命存在分裂爲二分：身與心，因而形成身與心的二元性（duality, dichotomy）的對立。這破壞了生命存在是一整一、整全、整體（unity, integrity）的性格。就覺悟的境界來說，心或主體性的外在化、對象化，與身、心的二元對立，都是不能容許的。這是神秀未臻悟境的一個重要的理由。

二、神秀偈的重點在說心，這是肯定的。他是以甚麼方式來說心呢？就偈意來看，他是以超越的分解的方式，把心從經驗層的種種現象、事物分離開來，置定(posit)在那裏，一個超越的位置。康德在其名著《純粹理性批判》(*Kritik der reinen Vernunft*)中，運用超越的分解(Transzendentale Analytik)的方式，把作爲思想的形式的範疇(Kategorie)建立起來，置定在超越的位置，使之從經驗的現象分離開來，而具有超越的性格。但這些範疇，如因果、關係之類，又不是與現象完全沒有交接點，却是它們被視爲具有客觀有效性，能展示現象界的物事的普遍性相。這裏我們說超越的分解，取康德的前一截的意思，卽是，它把心的超越的性格突顯出來，使它從現實界的事象的經驗的性格析離開來，把心置定在一個超越的層面或位置中。這樣，超越的心與經驗的事象便被分割成兩截，而成一超越與經驗的對立。

讀者或許會問：如何能就偈意看到神秀是以超越的分解的方式，把心置定於超越層面之上？我們的答覆是，偈文把心看作明鏡，又教人不時拂拭，使不致沾染塵埃；此中，明鏡有照明作用，心亦應如是，所照明的當是經驗的事象，而爲了保持此種照明作用，需不時拂拭，不使之沾染塵埃。塵埃卽是經驗事象中一分子也。故此中的界線很清楚：心是超越的(transcendent)，要使它與經驗的東西分隔開來，才能保有其照明的作用。這便是超越的分解所要做的。

另外很明顯的一點是，這心是清淨心，或本性清淨。我們不要染汚它，否則它卽不能有照明的作用；一如不能染汚明鏡，不然，它便不能照見萬物的樣相。

超越的清淨心若與經驗的世界對立開來，則難以說心的內在性(immanence)。心若只是超越而不內在（內在於經驗世界，或一般說的現實世界），則就覺悟的境界來說，只能說眞，而不能說實。心是清淨無染、無虛妄成分，這當然是眞；但若不內在，在現實世界之外，不能包容現實世界，則不能說充實。充實需就在時、空、範疇中存在的經驗事象說。眞而不實，即不同時是眞實，這不是圓滿的覺悟境界。

三、心可說爲是吾人的眞性；這眞性是覺悟的基礎。像明鏡能照見世間一切事物的樣相那樣，它能表現智慧的光輝，照見萬物的本來樣貌。明鏡所照的世間萬物是多采多姿的，個別不同，這是分殊（particularity）方面。心的智慧所照的，似可有兩方面。第一方面應是萬物的共同性（universality），這在佛教與禪來說，自是空或無自性。另一方面，旣以明鏡爲喻，則亦可說心能照見萬物的殊相。心能照得明了，而不取著，只如實地還萬物的本來狀態，卽能說覺悟。

四、偈中旣說「時時勤拂拭」，則顯然有被拂拭者（心）與能拂拭者的分別。此能拂拭者是甚麼？偈中未有交代。它是否卽是被拂拭者的心？若是，則是自己拂拭自己，拂拭只是一種自我努力、鞭策活動。若不是，則作爲能拂拭者，應在層次上較被拂拭的心爲高。它旣有拂拭的作用，則亦應是一種心或主體性。只有心或主體性才能說作用、活動。若是這樣，便會生起二重主體性的問題，因而那個如明鏡般明亮的心或清淨心便難以說是覺悟的基礎，因它是被拂拭的，被處理的，覺悟的基礎應在那在較高層次的能拂拭、處理此心的另一主體性說。這是甚麼樣的主體性呢？偈中並未有透露。這都是問題所在。

這裏牽涉一個難解的困局。卽是，倘若心或清淨心不能自我拂拭，需要另外一個層次較高的主體性來拂拭，方能保持其照明的作用，則這個較高的主體性自身亦需時常拂拭，以保持自己的明覺與功用，才能拂拭心或清淨心，這樣，又要推設一更高的主體性來作拂拭。這樣下去，心或主體性要不斷推上去，理論上可至於無窮，因而產生困難。這便是所謂「頭上安頭」也。神秀偈在這一點上，顯然未有足夠的省察。

五、在實踐方面，心既被視爲如明鏡般，被置定爲照明萬物的覺悟的基礎，則必須保任之，「時時勤拂拭」，不使它爲塵俗所染蓋，而失去照明的作用，「勿使惹塵埃」也，不然的話，心便爲塵俗所染，不能起照明的作用，如明鏡爲塵埃所熏蓋而不能照見物像那樣。「拂拭」即是一種保任的工夫，而且要不斷地（時時）作這種工夫，這表示一個不斷努力修習的歷程。不斷努力修習，步步臻向最高境界，最後的覺悟，這便有漸教的意味。其實，偈文以譬喻的方式來說心，已有一種漸的意思。譬喻即不是直指的、直截了當的，而是繞了一個彎來做，這是一種權宜的做法，是方便（expediency）。它可幫助說明和指點道理，在實際的修行上提供漸進的階梯。但這終是權法，目標達到後，終要捨棄。得魚忘筌，得兎忘蹄也。

從上面第一、二、四三點可以看到，神秀偈所顯示的覺悟境界是有問題的。五祖弘忍不認可神秀的覺悟，是可以理解的。以下我們看慧能偈。

三、慧能偈的哲學的解析

慧能的偈是這樣的：

菩提本無樹，明鏡亦非台；
本來無一物，何處惹塵埃？

我們對於這首偈的解析，也可歸爲以下諸點。

一、這裏不以菩提爲樹，亦不以明鏡爲台。不用譬喩，不從常識說起，把一切世俗的成見與方便一棍打散。那麼，菩提、明鏡是甚麼東西呢？偈云：「本來無一物」。它們甚麼也不是。菩提、明鏡甚麼也不是，則神秀偈以明鏡來譬喩的心也應甚麼也不是。這種以遮詮的方式來表達有關覺悟與眞理的事，而不出之以正面的概念，可以避免以相對的概念或方便的譬喩來限定覺悟與眞理等具有絕對的性格的東西所引起的問題。此中的關鍵全在「本來無一物」之「無一物」中。這個否定的表示式（negative expression）可有如下意思：

> 不是有一個物事光板地、靜態地擺在那裏，可以視為我們的知能（understanding）的對象，在時空中存在。這當然是在絕對的究極的角度下來說。它包含菩提、明鏡不是一個物事之意。菩提、明鏡不是一個物事，因為它們是緣起法，沒有自性可得，它們當體是空。它們不能常住不變地被置定於一位置。

二、此偈是回應神秀偈而作。神秀偈以明鏡喩心，能照見萬法的心。此處既說明鏡非台，說明鏡本來無一物，則它所譬況的心自亦是本來無一物。卽是說，此心不能機械地、光板地被置定在一個位置，作爲我們用功（勤拂拭）的對象。此中並沒有對心的超越的分解。實際上，「何處惹塵埃」已清楚顯示或預認無所謂以超越的分解來置定一個心。塵埃無所附着，卽表示並沒有一透過超越的分解而來的心被置定在任何處也。

三、此偈的四句都是遮詮的否定式，都說無甚麼，不是甚麼，整個偈到底在說甚麼東西呢？這是煞費思量的。在南宗禪來說，我們可以肯定，此偈最低限度是在表示覺悟的消息、境界或經驗。它應是在很認眞的狀況與很有誠懇的態度下作出來的，除非我們以爲禪的修行根本是一場鬧劇、一個騙局，或胡說八道。但這偈究竟在說甚麼呢？

讓我們就日常的事物亦卽存有的問題說起。慧能並不刻意關心存有的問題，不會建立一套存有論，「菩提本無樹，明鏡亦非台」卽有這個意思。覺悟不是一種對存有的靜態的觀照，却是一種活動，一種創造。如何創造呢？創造甚麼呢？是誰去創造呢？這些問題都要就「本來無一物」來了解。這是關鍵語。

菩提本無樹或不是樹，明鏡不是台。菩提樹與明鏡台本來都是無有，無一物；明鏡所譬喩的心亦是無有，無一物。這個意思是：世界和心、經驗事物與主體性都不是預先機械地、光板地作爲一個物事被置定在那裏。世界不被置定爲經驗的世界，心不被置定爲超越的心，因而兩者被分割成兩截，或兩個層面。（神秀偈却有這種雙方置定之意。）而是在一個活動中，世界與心同時呈現；活動過後，兩者同時消逝，所謂「同起同寂」。這是把世界與心都收歸活動來說。活動主要是心或主體性的活動，世界只是附隨在這主體性的活動中帶出。它到底存有論地是甚麼東西，慧能是不關心的。「無樹」、「非台」也。

這個意思很深微。覺悟是一種創造，每次覺悟都是一個創造的經驗。在這種創造活動中，心與世界同時生起，也同時消逝。心只就世界事物的緣起無自性（這裏的自性 svabhāva 是指佛敎一直要否定的那個常住不變的質體，而不是《壇經》特有的自性義。後者指佛性、法性）的性格來了解之、觀照之。由於它們是緣起，有其一定的演化過程，在我們的生活中有一定的作用與影響，故不應捨棄之；又由於它們終究是無自性的，「無一法可得」（《般若經》常用語），故亦不應住著於其中，而執持之。這是圓滿的般若智慧（prajñāpāramitā）的妙用。禪的覺悟，亦在這種不捨不著的妙用中見。所謂「庵中不見庵前物，水自茫茫花自紅」（宋廓庵禪師《十牛圖頌》的第九頌語），如如地還它世界一個本來的面目便是。此中雖未有置定一超越的清淨心在那裏，但却處處有心或智慧的表現在起動、在運作。哪裏有日用云爲，哪裏便有心或智慧在作用。這是一不捨不著的無住心，與世界或外境同起同寂。它的創造的活動，是對着世界或外境的，或在日用云爲中的，它亦只能在這種處境中表現其創造的活動。它不能超越地存有論地被置定在那裡；它不是存有義，而是活動義；或者說，它的存有要從其動感（dynamism）中見。

四、這顯然是一創造的主體性。它的創造卽是覺悟。這種覺悟是頓然的、一刹那完成的、自然的和無造作的，卽所謂「頓悟」。這純是當前的直覺的表現，不摻雜任何概念思維，禪門常說「不容擬議」、「擬議卽乖」，指的便是這種覺悟方式。

若從上面的剖析來看慧能偈，它並沒有神秀偈的那些困難。反之，它充滿靈機與動感，洋溢着生活的氣息。這裏沒有譬喻，一切都是直截了當地被指點出來。心與世界同起同寂；它不是對着世界或境來作認識、觀賞，却是作用於世界或境中。凡作用所到處，便有心與世界。心是作用的心，世界是作用的世界。心與世界在作用中統一起來。因而這裏沒有心的對象化、外在化的問題，因爲根本沒有主體與對象、內在與外在的分別。心不是透過一超越的分解的方式被置定在那超越的境域，却是隨日用云爲或經驗事象到哪裏便作用到哪裏，因而也沒有缺乏內在性的問題。心自身與世界同起同寂，對世界不捨不著，一切當下圓成，讓世界還歸世界，因而不會惹塵埃，不必拂拭，也沒有那「頭上安頭」的無窮推溯的問題。五祖弘忍認可這首偈所透露的覺悟境界，並非無理。

禪門喜以「游戲三昧」來說慧能及他所開出的南宗禪法。這裏我們說心或不捨不著的無住心與世界同起同寂，無住心與世界同起即是游戲，無住心與世界同寂即是三昧。在游戲中，無住心起種種妙用，在日常的生活云爲中點化衆生，使轉迷成覺。在三昧中，無住心回歸向自己，在精神專一的狀態中，心與世界或境從動態的作用關係中貞定下來，而臻於心境雙忘的寂然無相的禪定境界。不管是游戲抑是三昧，都有那不捨不著的無住心貫串於其中，游戲與三昧是同一無住心的二面表現，一體無間也。

四、結 語

這是一篇純哲學的文字。我們就神秀與慧能的那兩首偈來剖析其涵義，只能做到這個限度。過此以往，便需參考其他有關神秀與慧能的思想的資料了。這則超越出本文要討論的範圍。從這兩首偈我們可以看到，慧能似乎要以他生命的機靈與動感，來熔化神秀的機械與光板的心境。文字的重點，在以主體性與世界的同起同寂，來詮釋慧能的「本來無一物」這一警句。讀者也許會問：爲甚麼這句偈語可以作這樣的解釋，句中並無主體性與世界同起同寂的意思呀！我的答覆是，這是義理推展(doctrinal elaboration)所使然，而不是文獻學的問題。義理的推展有邏輯性，因而也有必然性。「本來無一物」的「無」，不是虛無主義(nihilism)，也不是斷滅論(annihilationism)；却是以遮詮的方式，顯示心靈與世界的無置定性，以至相伴隨性、相涵攝性。故兩者必同起同寂，由此才能說它們的圓融無礙的關係。若任何一方孤起孤寂，則這種性格與關係便不能說。馬祖禪的作用見性（心卽性），也必須在這一義理脈絡下，才能說得通透。這是南宗禪的基本精神所在。

公案禪之哲學的剖析

在禪的修行中，爲了促發修行者臻向覺悟，而提出一些問題來，使修行者參究。這些問題，主要是古來祖師的言說、動作等的記錄，此中蘊藏着深刻的覺悟的消息，若能把這些消息探究出來，即能導致一己的覺悟。這些問題，即是公案。又稱案底。有時又稱話則。公案的原意，指公府的案牘、國家的法令一類，在禪來說，則指一些古則，顯示佛與祖師開導弟子覺悟的經驗，意義至爲嚴肅。以公案作爲工夫的重點的禪法，稱爲公案禪或看話禪，與默照禪對揚。後者強調打坐。《碧岩錄》、《從容錄》、《無門關》等，即是著名的公案結集，而臨濟宗即是最重視參究公案的宗派。

一般來說，在公案禪中祖師或師家對弟子的開示，最後使之獲致覺悟的境界，不管是透過言說抑是棒喝一類動作來進行，都充滿生命力與動感。祖師或師家對種種方便的法門，能隨意自在地拈弄與運用，宛如游戲，但都能應機而發，恰到好處，在在表現禪機妙趣。這種游戲拈弄，是以深厚的三昧或禪定的工夫作基礎的。三昧指精神專一的狀態。在這種狀態中，修行者的精神不斷超化，向上升進，滌除一切相對的念慮與執着，最後臻於物我兩忘，心境俱泯的境界。這種工夫的發用，即是在世間生起種種開示、開導的手法，以點化衆生的迷妄，使轉迷成覺。這便是宗門所謂游戲三昧。

這裏我們選取具有代表性的禪公案，作哲學的剖析（philosophical analysis）。我們基本上是從概念、問題着眼，分析公案中師家的言說或動作的哲學涵義，和這些涵義與覺悟的關連。這些公案有五則，它們是：拈華微笑、達摩安心、廓然無聖、狗子佛性與不昧因果。筆者的解釋或剖析，只是個人的意見，是否有所見，則有待高明的讀者自行裁決了。

一、拈華微笑

這是禪宗的一則著名公案。又稱拈華破顏、拈華瞬目。釋迦一次在靈鷲山的說法會上拈花，其時大衆默然，不知應作如何反應，獨有摩訶迦葉了解其意，破顏微笑。釋迦卽表示，要把正法傳授給他。關於這則故事，並不符合史實，但自宋代以來，禪林中卽流行這則公案，視之爲以「以心傳心」方式傳授佛法眞理的典型。《無門關》：「世尊昔在靈山會上，拈花示衆。是時衆皆默然。惟迦葉尊者破顏微笑。世尊云：吾有正法眼藏，涅槃妙心，實相無相，微妙法門，不立文字，敎外別傳。付囑摩訶迦葉。」（《大正藏》四八・二九三下）這種有關究極的消息或最高眞理的會通方式，有神秘主義情調。釋迦拈花，迦葉會心微笑，究竟表示些甚麼意旨，不能當作客觀問題來研究，也不能以言詮來表示。所謂可以意會，不可言詮也。這便是「以心傳心」。

以心傳心是一種方法，或可說是無方法的方法，它與一般的方法很是不同。禪門或宗門歷代祖師，都以這個故事所透露的意境爲本，不經由文字言說，以傳授禪的大法，其所由之道，是直接的以心傳心。宗密《禪源諸詮集都序》謂：「達摩受法天竺，躬至中華，見此方學人多未得法，唯以名數爲解，事相爲行。欲令知月不在指，法是我心故，但以心傳心，不立文字。」(《大正藏》四八·四〇〇中）這似有排斥一切經論文字的意向，起碼表面看是如此。不過，與其說是排斥經論文字，無寧應說是要超越經論文字的種種限制，而直叩心源。因禪實際上亦有其經典上的根據，例如《楞伽經》與《金剛經》。不依經論文字而直叩心源的理論根據，在於心是經論文字的依據。釋迦在成道後說種種教法，但卻說「我四十九年一字不說」，這正與「以心傳心」的精神直接相應。可以這樣理解，釋迦固然天天在說法，教化衆生，使之開悟。到頭來還是「一字不說」，或其所說未能眞正透入衆生的生命心靈中。因他所提供的消息，不能用耳朶去聽，而是要用心去領會。不能用心去領會的話，則說了等於未說，聽了等於未聽。離開「心領神會」，則不管千言萬語，說盡所有經論的內容，都是無用，無與於覺悟也。覺悟到頭來是心中的事，不是說、聽的事，故必須「以心傳心」。這亦有排中律的意味。若不能以心傳心，便是一字不說，一語不聽，此中並無第三可能。以心傳心是覺悟；一字不說，一語不聽是不覺悟。覺悟與不覺悟之間，並無中間狀態。關於這點，我們可以作這樣的解釋。所謂「覺悟」，自是對眞理而言。這在佛教來說，便是那緣起性空（種種事象都是由因緣積集而得成就，因而其自身並無可以決定它的存在性的獨立不變的東西，或性，因而是性空）。這眞理是一個整全，並無部份可言，不能分割。要覺悟它，必須就它的整全來說，即覺悟它的全部。覺悟到它的一部份，未覺悟到它的另一部份，這種中間狀態，是沒有的。要麼便一悟全悟，否則便一無所悟。

上面說心是經論文字的依據，是關鍵語。其意思是，經論文字的內涵，只是心的消息而已；心走到哪裏，經論文字便尾隨着到哪裏。它走在心之後，永遠不能追到心；也由於經論文字的相對性格，故也永遠不能完整地反映那絕對的心的體相。經論文字只是在模倣心，作它的影子；這恰似在柏拉圖的理念哲學中，現實世界的事物，只是理念世界的理型（Idea）的倣製品而已，它總不能是理型自身。覺悟是心上事，是心的一種創造性的表現；後者總是靈動地在活轉的狀態。經論文字則是光板的、靜態的，第二義的，不能談創造性，而只是創造性活動的紀錄而已。

這個公案透顯出深遠的宗教涵義。在藝術上也很有美感。釋迦拈花示意，迦葉微笑會心，宗門的大法，所謂「正法眼藏」，便在輕鬆妙趣的氣氛下傳開來了。在這輕鬆妙趣中，洋溢着生命與智慧。師徒兩者的覺悟光華，同時相應閃爍起來。一切盡在不言中。這便是所謂「禪趣」，其中有無窮的妙用。

小記：日前因閑雜事情縈繫心頭，夜間不易成寐，翌晨三時猝然醒來，無法安睡，總覺有事在心頭。於是霍然而起，執筆寫此公案。寫畢再睡，一覺醒來，頓感身心舒暢。因記起禪僧無門的偈頌：

春有百花秋有月，
夏有涼風冬有雪，
若無閑事掛心頭，
便是人間好時節。

世間事情，大類如是，繫於一心。放得下，便日日是好日；放不下，便庸人自擾。本來是無事的。一向總是覺得世界美好，我却不年青了，因而感到惆悵。但願今後能有世界美好，我又總是年青的感覺。能否如願，還在一心。

二、達摩安心

這是重要的公案之一。又稱慧可斷臂。《無門關》：「達摩面壁。二祖立雪，斷臂云：弟子心未安，乞師安心。摩云：將心來，與汝安。祖云：覓心了不可得。摩云：爲汝安心竟」。（《大正藏》四八・二九八上）此中的密意是，心靈不能外在化，視爲對象。二祖初未透悟此理，常把心置在念中，念念要安頓它。達摩乃引他悟到「覓心了不可得」之義，即心不能作爲對象而取着之義，然後開悟。

這個公案，精采絕倫，令人拍案叫好。首先，神光慧可（二祖）立雪斷臂，顯示他矢志求道的決心。立雪是等閑事，達摩可以不理。斷臂却是非同小可，達摩若再不心動，便如槁木死灰；慈悲度生，從何說起？這說明慧可是極其認眞的。公案的主題，是安心的問題。師徒的對話，乾淨利落，極富禪悟氣息。三言兩語，快刀斬亂麻，關鍵的問題便徹底解決了。沒有達摩的善巧方便提出問題，把心玩弄於掌上，沒有慧可的成熟的慧根，當機悟入，這個覺悟經驗是不能出現的。此中的主題，自然是心不能對象化這一點。關於這點，可以用千言萬語來解釋。但這會有欠缺直截了當之嫌，使人糾纏於文字葛藤中。達摩一句「將心來，與汝安」（把你的心拿出來，我便替你安頓它），把慧可迫到無路可退，最後只有老實招來，說一句「覓心了不可得」（我沒法把心尋找出來給你看）。這句平實的話，也擦起他的覺悟的火花。原來是心不能作對象看，不能到外邊去找而已。達摩最後補一句「爲汝安心竟」，印證了他的覺悟。他是以祖師身份印證的，應該無差錯。

這裏可以討論的問題，是慧可所要安的心，到底是甚麼意義的心。就「覓心了不可得」所表示心不能對象化、外在化這一意思來看，這心本來應該是一個清淨的心。之所以要安心，是由於這清淨心受了外間的種種染汚的東西，所謂「客塵煩惱」所障蔽，以致迷失了本來的方向，有向外界追逐的傾向，因而亦有把自家變成外在東西的一部份之嫌。這便是對象化、外在化了。不過，清淨心的本性原是清淨無染的，它亦有明覺之能。這種明覺的能力，處處都可以發揮其作用，卽使在逐物因而外在化的途程中，這種能力還是不會完全消失的，它的光明還不時在閃耀着。當它的光明照見自家追逐外物，隨外境的脚跟轉時，自會感覺到這原來不是自己的本性，不是自己的面目；能這樣省覺，便自然有一種追悔和不安的心情。不安於自己隨順外境的脚跟轉而把持不下自己也。因此要安心。

從另一方面來看，慧可能夠覺心未安而求達摩爲他安心，也顯示出他在求道的歷程中，不斷努力着。這有些漸敎的意味。不過，他的境界顯然談不上圓熟，覺悟的火花尙未引發。他還徘徊在心靈的外在與內在、客體與主體的對立的二元格局中。這則需要一個明師來點化，點化這種二元性的遊離狀態，而將之驅散開去。達摩便是一個很適當的人物。他並不正面幫他的忙。覺悟的事，還是各人自己的事，別人是幫不上的。但他可提供一個契機，推他一把，這便是「將心來，與汝安」這一句。這突如其來、完全意料不到的一招，直把慧可迫到盡頭，只得傾其全部生命力與智慧力，去參悟心的本質，這便是「不可得」，不能作對象看。他終於迫着自己說出來了。這一關過了，慧可的智慧的潛力，便如火山般爆發開來。瞬時間乾坤旋轉，天地變色。這裏沒有歷程可言，而純是頓然的覺悟。達摩果然是一代祖師，恁地了得也。

這樣，所謂心未安，因而安心，不外是把本來是內在的清淨明覺的主體性從隨逐外物而被看成是對象的狀態扭轉過來，把它收歸回自己的生命中。而從事這種修行或運作的，還是清淨明覺的心自己。這是心自己在對自己作用。不是有一個心未安，而以另外一個心去安它。倘若是這樣，便成兩重心了，心便被分裂成兩份了。這在道理上是說不通的。在自己的生命中，有一個清淨明覺的心去安頓另外一個本來是清淨明覺但後來迷了途的心，則到底哪一個才是自己的眞心（眞正的心）呢？故不能這樣看。清淨的心應該是絕對的，在體性上，或在存有論上，它不能分開爲二，而相對峙，以此望彼，或以彼望此，而互成對象。我們只能說它是在運作上或作用上有了偏差，在經驗的世界中隨逐外境轉，因而暫時迷失了自己。但它有清淨的明覺。這明覺可以照見自己的面目，察覺到自己的偏差，因而感到不安，也因而要安心。安心卽是把自己扶正，使自己挺立起來也。

以上是就義理一面言。就思想史與文獻方面來說，達摩依《楞伽》（《楞伽經》）傳心。《楞伽經》是如來藏思想體系，其中心概念卽是如來藏自性清淨心，這是我們的眞心本性，是成道得覺悟的基礎。這都是大家所熟知的事。慧可承受達摩禪法，自己沒有很大的發揮。他的心應該也不離清淨心。實際上，早期的禪法，由達摩經慧可至三祖僧粲、四祖道信，都是基本上承着達摩的家法，強調清淨心，並有頭陀苦行的作風。至五祖弘忍，才有少許改變；他不但講《楞伽經》，也注意到般若思想，強調《金剛經》的重要性。這個改變，到六祖慧能顯得更爲明朗。他是本着無住心而講它的妙用的，由此而開出所謂祖師禪。前此則仍是如來禪，以如來藏自性清淨心爲主也。（以上的傳承，是依南宗禪的說法。它可能與歷史不符。這是一個很複雜的歷史考據問題，這裏不多涉及。）

三、廓然無聖

這是宗門(禪門)的一則很有代表性的公案，牽涉到祖師達摩的故事。也不必有歷史根據。《碧岩錄》則一：「梁武帝問達摩大師：如何是聖諦第一義？摩云：廓然無聖。帝曰：對朕者誰？摩云：不識。帝不契。」(《大正藏》四八．一四〇上)此中的密意是，眞理是絕對境界，不能有有無、聖凡的相對性。故「廓然無聖」。卽使是帝王的尊貴，在修道者的眼中，仍無地位，故云「不識」。梁武帝對於這點，不能契入。廓然卽是心中了無滯礙，不執取於空、有，聖、凡的任何一邊。無聖卽是不對聖者的覺悟起分別，心中已臻於徹底大悟的境地，不作聖與俗的分別的想法，以至於任何對立的想法，心靈平明一片，有如萬里無雲的晴空，所謂「萬里無寸草」。「寸草」指分別意識也。

聖指覺悟的境界，特別是就眞理言，這卽是絕對的眞理，所謂「聖諦」，它是究極的，故爲「第一義」。對這種眞理也要否定，表面看是有矛盾的。修行者的目標，不外乎覺悟最高的或絕對的眞理，冀能得解脫，爲甚麼又要否定它，要「無」它？

這裏我們似乎要分別一點，覺悟到最高眞理，因而得解脫，是一事。把這眞理與俗情對比開來，以分別識心在眞理或聖與俗情或凡之間建立一種二元格局(duality)，因而生起欣聖厭凡，或趨聖捨凡的心理與行爲，則是另一事。達摩所反對的，恐怕是後一種，而梁武帝顯然也是表現這後一種的心態，因而對聖方面另眼相看，而對自己的尊貴的帝王地位，也感到沾沾自喜，以爲與別不同。

欣聖厭凡，趨聖捨凡到底有甚麼不好？關於這個問題，起碼有三點可說。第一，欣羨聖境而捨離凡情，表示兩種或兩重的心靈意向或取向，這勢必會造成一心的分裂：一邊是欣羨聖境，另一邊則是捨離凡情。心靈是一個整一體，特別是覺悟的心靈，是不能有分裂的。故這會造成覺悟的障礙。第二，欣羨聖境而捨離凡情，結果必會導致只知聖境而不知凡情，或對凡情的存在漠不關心。這種對凡情的無知與漠視，能否成就眞理，或最高眞理，不能不成問題。最高眞理能否遠離凡情或現實的世間而建立起來，是一個很可討論的問題。第三，欣聖厭凡的心理，易導人以爲自己已臻於聖的境界，認同於聖，因而起我癡、我慢、我見、我愛四種煩惱。卽是說，起一種傲慢心，因而貴己賤人。這是要不得的。老實說，卽使是一個得道的聖者，也不能自炫自己已得道。因爲這種自炫，會造成一種傲慢心，這種心理可以馬上把他從聖境提降下來。聖抑是未聖，應由他人來印證，不應由自家來炫耀。佛陀傳中說當日釋迦成道不久，卽自稱「天上天下唯我獨尊」，這殆是造傳的佛弟子寫此以光耀佛陀的尊貴，佛陀自己決不會這樣宣說。

「無聖」卽是不把聖者的境界或最高眞理如上述般來看待，也卽是不以分別心識來看聖，不對「聖」起執。既然不對聖起執，因此也不應亦不必對它的相對面的「凡」起執，心靈不應落於聖凡的相對層面，以至一切由相對概念所成的境域。宗門中人因此盛說「凡情脫落，聖意皆空」。無聖無凡，因而凡聖一如，無異無別，都是一心的表現。一心上升卽聖，一心下降卽凡。這是達摩禪的旨趣，也是這一公案所涵的消息。

這個公案，有時又作「達摩不識」。不識帝王的尊貴，聖者的與人不同也。

補記：寫到這裏，有點意猶未盡之感，因補記兩點於後：

一、關於「無聖」或對於覺悟了的人格或最高眞理的否定，並不是達摩的發明，在印度佛學特別是中觀學的文獻亦早已有之。它們說「空空」，或「空亦復空」，即表示對作爲無自性的空理的否定，教人們不要執取這個空理，以爲有相應於空的外在的實體可得，而追逐不捨。另外又說涅槃亦是如幻如化，亦是這個意思。這不是虛無主義（nihilism），却是要人全面破執。凡情之事，當然不應執取，即聖境亦不應執取。一切以無執着之心應之，所謂「無住心」。據說禪宗六祖慧能即在聞五祖弘忍說《金剛經》的「應無所住而生其心」而大悟。這樣的心，才不會爲任何對象（經驗的與超越的，也包括眞理本身）所束縛，才能靈動機巧地在世間起無方大用也。

二、有一個學生曾問我：「一個獲致了覺悟的人是怎樣的？一個聖者的生活與常人有甚麼不同？」我不是覺悟了的聖者，不能現身說法。也從來未遇過覺悟了的聖者，因而也無參照的對象。我只根據禪籍的所說來回應這個問題。即是，一個人覺悟了，在生活上應該沒有甚麼不同，他還是應盡他的本分去做人。教書的盡責把學生教好，做生意的誠實地去做生意。甚至屙屎送尿，吃飯睡覺，還是和從前一樣。有病還是要看醫生。他不應以自己的覺悟向他人炫耀，以爲自己高人一等；他也不是變了神仙，會騰雲駕霧，吸風飲露。他還是如臨濟所云，做一個「平常無事人」，無刻意誇張和炫耀的事也。不過，心境上的不同，却是可以說的。一個覺悟了的人，應該是無所執着的人。對於一切事物不起分別、計較與執取，而應之以平常心。既無所執着，因而也無所謂得失，沒有煩惱。凡俗的人，總以爲事物自身有實自體、實性可得，因而對之追逐不捨，在得失的圈子中打轉。未得自然感到煩惱，即使得了，也恐怕會失去，而感到煩惱。一個覺悟了的人，明白事物的緣起、無自性可得的道理，亦即是空的眞理，因而不起追逐馳求心，不爲得失之情所囿，故無煩惱。至於事物之本性爲緣起，爲無自性，爲空，則是較深微的問題，限於篇幅，這裏不多贅了。

四、狗子佛性

狗子佛性是禪宗的重要公案之一。此公案借「狗子是否有佛性」一問題，以破除人對有無的執着。說狗子有佛性，或狗子無佛性，皆是偏執。這是禪門極難通過的關門。但此關一旦透過，便大徹大悟。這個公案，發始自趙州從諗。《無門關》：「狗子佛性，全提正令，才涉有無，喪身失命。」（《大正藏》四八．二九三上）說狗子佛性爲有爲無，皆落相對相，而不能與于絕待的眞理，故「喪身失命」。在禪者眼中看，狗子是否有佛性，不能是一客觀問題，故說有說無，都與智慧不相應。這問題的作用，在提供一個契機，以促使修習者提升其精神境界，不落相對的有無格局。這種境界，若能臻於自由無礙，則能殺活自在，殺則奪狗子的佛性，活則與狗子佛性。故狗子是否有佛性，不能有一客觀的答案。其答案如何，操在己方。

由於狗子是否有佛性一問題，不能有一客觀的答案，因而這問題的提出，不能不迫向問者自身的終極關心的問題，那即是佛性的內在性與顯現而得覺悟的問題。問者的反省目標，必須要由外在的狗子移轉到自家的生命中來。禪是強調佛性的內在性的，即一切衆生都有佛性。這是自《涅槃經》與竺道生的發揮以來的不易的信念，是不成問題的。問題却在於如何在自家的生命中，體會出佛性的明覺，以擦出智慧的火花，成就大覺，這則需要藉着一些契機，作爲線索，或乾脆說爲導火線。狗子是否有佛性的問題，以至提出有亦不可，無亦不可的答案，便是提供這種契機，使參禪者悟入此中的三昧。

狗子是否有佛性既然不是一個客觀的知識的問題，而我們仍要承認這問題仍有意義的話，則它只能是一主觀或更確切地說是一主體性的實踐的問題。實踐甚麼呢？這仍不離實踐佛性的顯露一點。此中的關鍵，是不以相對的有無的眼光來看佛性，因而不說佛性爲有，也不說佛性爲無。能看破佛性的超越有無的性格，或絕待的性格，當下卽是佛性的智慧的呈現。此中的理由是，佛性是一敻然絕待的主體性，這種主體性不能在概念思考中眞正顯出，而只能在具體的生活云爲中覺悟出來。這不是一種思想，一種理論，而是一種實踐，一種存在的體證。對佛性能有這種存在的體證，則自能殺狗子佛性而說它無佛性，活狗子佛性而說它有。到了這個境界，狗子佛性已不是一客觀的事物，狗子有無佛性也不是一客觀的知識上的問題。却是在體證得佛性後對外界的一種妙用，一種教化法門。對執狗子有佛性者說狗子無佛性，而殺狗子佛性；對執狗子無佛性者說狗子有佛性，而活狗子佛性。其目的都是在破人的執著：破對狗子有或無佛性的執著，亦卽破視狗子是否有佛性爲一客觀的問題的執著。

禪的終極關心，盡在一個「悟」字。悟甚麼呢？不外悟自家本具的本心本性，或佛性。這是「屋裏主人公」、「父母未生前的本來面目」，是「祖師西來意」。悟不只是自悟，而且包括他悟，或悟他。必須先自悟，然後才能悟他。對狗子佛性的或殺或活，是悟後的機用，隨宜教化衆生的方便法。這是自在游戲，亦卽游戲三昧也。游戲是隨宜拈弄法門，教化衆生，三昧則來自自悟也。

最後，有興趣的讀者或許要問：狗子是否有佛性爲甚麼不是一客觀的問題？我們爲甚麼對狗子佛性不能有客觀的知識？問得好啊！我們的答覆是：狗子是一種動物，在生物學方面自然可以研究它。但佛性却不是生物學以至任何科學的研究對象。我們解剖狗子，可以見到它的腦袋、心臟、腸道、神經系統、筋骨等一大堆。但決不能得到「佛性」。佛性問題不是一個科學研究的問題，却是一個宗教的、精神性的，特別是救贖性的（soteriological）問題。我們不是要去研究、認識佛性，却是去顯發它、朗現它，冀能得覺悟。悟得悟不得，純是自家生命的轉化上的事，與解剖學或科學無涉。狗子的問題，干卿底事？

五、不昧因果

就佛教或禪來說，對於世界的態度，予人或衆生的生存狀態或生命境域，有極重要的影響。禪宗《無門關》：「某甲……因學人問：大修行底人，還落因果也無？某甲對云：不落因果。五百生墮野狐身。今請和尚代一轉語，貴脫野狐。遂問：大修行底人，還落因果也無？師云：不昧因果。老人於言下大悟，作禮云：某甲已脫野狐身。」（《大正藏》四八・二九三上）這個故事很簡單。它說一個人由於不明白因果的道理，對它採退避態度，「不落因果」，結果輪迴了五百次，每次都受身爲狐狸，爲畜牲。其後有人告訴他，不應該不落因果，却應該「不昧因果」，不爲因果界域所蒙昧，對因果道理有正確的理解，對因果的界域採不退避的態度。他便恍然大悟，馬上從狐狸身中脫却開來，不再作畜牲了。此中，因果指因果律，泛指受因果律支配的現實世界，被認爲是汚濁的界域。「不落因果」指遠離這個汚濁的現實世界，但求個人的清淨。「不昧因果」則指不遠離這個汚濁的現實世界，明白它的性格，而停駐於這個現實世界中，進行種種教化度生的事業，但又不爲其中的種種汚濁所障礙。很明顯，不落因果是出世的態度，是捨離精神；不昧因果則是入世的態度，是不捨世間的精神。這亦可以說是心靈狀態的問題。若心靈狀態是厭棄因果的現實世界，欣慕非因果法則所能決定的絕對的境地，這仍有所囿，而不得自在。囿於因果的現實世界也。故仍不免輪迴而墮爲野狐身，在畜牲界流轉。這是不落因果之失。但若心靈狀態是超越因果的現實世界，而又不離棄它，只是不爲它所蒙蔽而已。故雖身在因果的現實世界，却不爲它所囿，這則爲開悟，而可免於輪迴，脫離野狐的畜牲界。這卽是不昧因果。此中寓意，極爲深遠，耐人尋味。

以上所引的《無門關》的文字，是禪的一重要公案。禪卽以外道的禪法，爲持一偏之見，以禪爲遠離世間因果的修行法。這正是「不落因果」。這種外道的禪法，被稱爲野狐禪。有時又稱爲蛤（蝦）蟆禪、老婆禪，以至蘿蔔頭禪。都是指那種缺乏對世間的關懷與活力，不能起用的疲弱的禪法。

有一點很重要的是，這個公案所涉及的，不是美學問題，而是道德的、宗教的問題。不落因果，不染世間的種種惡濁，因而心中無塵垢，遨遊於淸淨無涯的太虛，在孤峯頂上，目視雲霄，確是很有美感的境界。實際上，一個修禪者，在修習的途程中，常與美的效應離不開；他的初步目標，所謂「心境雙亡」、「人牛俱忘」，卽有靜穆的美感。在歷史的發展來說，禪也曾開展出一套美的文化。禪詩、禪畫、禪書、禪劇、禪文學，諸如此類，一時也難數得淸。總之，「禪寂」（禪的寂然境界）是很美的。不過，禪畢竟不是一種美學，而是一種宗教，具有很濃厚的人間道德情懷。宗教是要講轉化（conversion）的，化惡濁爲聖潔。它不只要求自我轉化，還要轉化他人，冀能同臻覺悟的聖潔之域。就自我轉化（自度）來說，不落因果是對的，也是足夠的。但就轉化他人（他度）來說，修禪的人（或公案所謂「大修行底人」），必須下落到因果的、現實的、染汚的世間來，主動地與世間的惡濁接頭，去惡成善，轉濁得淸。這便不能不落因果了。另外，他置身於惡濁的世間中，却能常保持自家的明覺的本性，使之不爲惡濁所染汚。這便是不昧因果。落於因果而能超越因果，不昧於因果，對因果世界的一切，能自在地拈弄，使人化迷成覺，才是眞正的三昧。有人判佛敎的精神方向爲「捨離」，在禪來說，這只是野狐禪的眼光而已。

「無厘頭」禪

一、

禪自菩提達摩（Bodhidharma）東來傳法，一直都有興旺的發展。門派很多，也引來不少名堂。例如，就根本方向的不同來說，有如來禪與祖師禪。前者指自達摩以來至慧能以前的禪法，也可兼指與慧能的南宗禪相對的北宗禪法。這種禪把作爲覺悟的基礎的清淨心（如來藏自性清淨心）置定在一個超越的位置，與經驗的世界有一段隔離；覺悟卽要看住這清靜心，不要讓它爲世間的客塵煩惱所染污。後者則指慧能所開出的禪法。它強調主體性或佛性在世間所起的妙用或機用，覺悟卽在這種起用中成就。就參悟的方法來說，有公案禪與默照禪的分別。前者重視對公案的參究，以探尋覺悟的消息；後者則強調打坐，默照自家的本心本性。另外又有頓悟禪與漸悟禪的不同。前者強調頓然的覺悟，覺悟只是一剎那間的事；後者則認爲覺悟是一個漸修的歷程，需要長久的時間才能達致。亦有以弘揚禪法的所在地的不同，來區別不同的禪法。如弘忍在東山弘法，他的禪法稱爲東山禪，或東山法門，慧能在曹溪弘法，他的禪法稱爲曹溪禪。另外，就風格的不同來說，又有強調遠離現象的因果世界的野狐禪、流蕩奔放的狂禪、專心守寂的枯禪。表現得軟弱無力的禪法，則稱爲老婆禪、蛤

(蝦)蟆禪、蘿蔔頭禪。流於病態的，以至走火入魔的，則爲魔禪。

不過，在禪的語錄或公案中，亦有很多說法或對話，非常費解，令人摸不着頭腦，不知它在說甚麼。例如以下的幾個例子：

一、《無門關》：

洞山和尚因僧問：如何是佛？山云：麻三斤。（《大正藏》四八．二九五中）

二、《碧岩錄》：

僧問香林：如何是祖師西來意？林云：坐久成勞。（《大正藏》四八．一五七上）

三、《碧岩錄》：

僧問香嚴：如何是道？嚴云：枯木裏龍吟。僧云：如何是道中人？嚴云：髑髏裏眼睛。（《大正藏》四八．一四二中）

四、《碧岩錄》：

僧問雲門：如何是清淨法身？門云：花藥欄。（《大正藏》四八．一七七中）

這些說法，自然很難了解，令人有莫名其妙之感。起碼表面看是如此。難怪宗門（禪門）中人也說它們是鐵饅頭，表示難以消化也。對於這種禪，使人表面看來有沒頭沒腦之感的禪，我稱之爲「無厘頭」禪。要聲明的是，這種稱呼，是我自己弄出來的，禪籍中肯定沒有這種詞彙。「無厘頭」是香港近年的口頭禪，其意思相當鬆散，有不知所謂、不加措意、言不及義、答非所問、心不在焉，致使人有莫名其妙、摸不着頭惱的感覺。這種禪表面上看來，很能給人這種印象。說它是「無厘頭」禪，是很有趣的事。宗門中人盛言游戲三昧；我自然無三昧的境界，但游戲則不妨作一下。「游戲」在這裏是借說，不取禪的本意。

二、

禪是一個大宗教，是中國佛教的極峯的表現。歷代祖師與修禪者，都懷着極其虔敬的心情來對待它，此中自有高度的智慧與誠懇，決不是「無厘頭」。一些語句或對話之所以給人一種「無厘頭」的感覺，只是讀者未能深入其中而已，特別是未能了解禪的思想背景（基本的認定）和宗門內部一切生活云爲的象徵意義與未能掌握一套正確地理解禪籍的方法而已。以下我們試圖在思想背景方面提出幾點，希望能藉以消解禪的「無厘頭」性格。日本禪佛教修行者芳賀洞然寫了一篇〈如何閱讀禪籍〉，在這方面也很有幫助；此文筆者十多年前曾翻譯爲中文，載於拙著《佛學研究方法論》（台灣學生書局，一九八三）中，有興趣的讀者可以找來參考。我們要提出的這些點如下：

一、禪的目標或宗旨是覺悟，覺悟自家本來具有的本心本性，所謂自性、佛性。這本心本性亦有客觀方面的涵義，這卽是法性、眞如。不管是自性、佛性，抑是法性、眞如，都是絕對的，它超越相對的文字言說。以相對的文字言說永遠不能眞正地傳達絕對方面的消息。另外，覺悟是一種創造性的經驗，這經驗是何等滋味，只有參禪者或當事人自家知道，無法傳達與他人，不管通過甚麼方式。所謂「如人飲水，冷暖自知」。進一步說，覺悟的經驗必須要當事人自己去創造，這從究極的角度來說，是完全自力的，別人幫不上甚麼忙。

二、從覺悟經驗的創造性與自力性，我們可以說禪基本上是一種自覺的活動：自己覺悟自家內部的眞宰，覺悟這眞宰卽是眞理所在或眞理的依據也。這樣，自家的眞宰可說是最高主體性。這個意思，邏輯上卽排斥一切對外在權威的依附與崇拜，不管這外在權威是經抑是論，甚或是佛、菩薩、祖師。故禪是極度反對權威主義或權威崇拜的。另外，由於眞宰與眞理是絕對的，故禪必反對任何在相對的二元格局(dualism)下建立的東西，這包括一切被對象化的東西。凡固然要反對，卽聖亦要反對，倘若兩者是在對立的格局下成立的話。

三、由未圓熟的覺悟到圓熟的覺悟，是一種頓然的躍升。不過，在修學的過程中，漸進的方式還是很基要的。這種漸進的方式，是辯證性格的，卽是，對於世界的眞相或眞理的不斷深化的體會，需要依賴否定的思考，從而把這否定融合過來。否定的思考是使修行者臻於較高的眞理層面的重要步驟。否定甚麼呢？一般來說，是否定事物的相對性，以顯現它的絕對的性格。深一層看，是否定那總是被人附在事物的相對性中的那常住不變的本性、本質。這最後還是要回溯至佛教的緣起性空的最根本義理。一切事物或現象都是依緣（條件）而得成就，這是緣起。由於是緣起，因而事物或現象不可能具有常住不變的本性、本質，這是性空。緣起性空，卽表示這經驗世界的基本性格。不過，以世界爲緣起，爲性空，並不表示要對之取一種捨離的態度。禪是大乘佛教的一支，它的現世情懷還是很濃烈的；它的終極關懷(ultimate concern)，還是這個現實的世界。

四、禪教人要悟入的眞理，不管稱爲法性也好，眞如也好，或者是空，都具有絕對的普遍性，因而沒有時間性與空間性的限制。它無時不在，無處不在，所謂眞理遍在。這個意思很清楚，不必多所發揮。總之，在我們日常所遭遇的東西中，以至我們日常的言說行爲，處處都能顯現眞理。天台宗人士盛言「一色一香，無非中道」(中道卽眞理)，這在禪來說，也是如此。

以上所提的幾點，未能詳盡，也未必能窮盡禪的思想背景。但對清理「無厘頭」禪來說，還是很有用的。不足之處，我們會在下文有需要處再加發揮。以下我們卽本着這些點來看「無厘頭」禪。我們會先把原典文字抄出，然後進行解析與清理。

三、

一、《無門關》：

缺齒老胡，十萬里航海，特特而來，可謂是無風起浪。(《大正藏》四八·二九八上)

這是有關菩提達摩的典故。達摩是西域(印度)人，亦卽是胡人。他來中國傳禪法時，已是高齡，故稱缺齒老胡。達摩東來傳法，本來是禪門的一件大事，或竟是最重要的事；這裏却說他萬里航海而來(據說達摩是由海路抵達中國的)，不啻無風起浪。「無風起浪」通常在禪門與「好肉剜瘡」合着來說，指多餘的事，或甚至有害的事。達摩是禪的開祖，說他來傳法是多餘的事，對他老人家來說是很不敬的。原文自然不是這個意思。它是說禪是以覺悟爲宗旨、目標的。這宗旨是各人自家的體驗，是自家的創造性的表現。不管別人如何對你開說，卽使是達摩大師來對你說，也不能眞切地透露其中的信息。達摩之東來，對傳達覺悟的事，使我們眞切了解覺悟的事，並未能增加一分的助力，故是多餘也。

二、《碧岩錄》：

僧問香林：如何是祖師西來意？林云：坐久成勞。（《大正藏》四八．一五七上）

按達摩從西方的印度傳來的密意，即是祖師西來意。這指禪的眞精神、眞消息，是要自家親證的，不能將之視爲對象，在二元性的格局中，以言詮來表示。故這問題是不能答的。禪師對於提出這「如何是祖師西來意」的問題的弟子，通常的反應是給出一不着邊際的「無厘頭」的答案，如「坐久成勞」，希望弟子能省悟所提問題的無意義，因而不將之當作一客觀的知識的問題來看。

不過，亦有人對於這「坐久成勞」的答覆，有另外的解釋。他們以爲「坐久成勞」是說達摩因修禪而面壁九年的修行的勞苦。所謂「祖師西來意」，表示徹見心性或自家生命的本來面目是各人極其勞苦的事，不能於輕易的對答中得之。

三、《景德傳燈錄》：

問：如何是祖師西來意？師曰：待石、鳥、龜解語，卽向汝道。（《大正藏》五一．三三七下）

這可與上引的對話作一比較，大致的意向都是一樣。同是問祖師西來意的問題；不過，這西來意可指那無礙自在的絕對的理境，那是需要我們以自家的生命去親證的。石、鳥、龜都能理解言說，是在常識來說不可能的事。這譬喻絕對的理境是不能以言詮來表示的。一切言詮都不能不屬於相對格局，如大對小言，左對右言，高對低言，都與絕對無涉。

四、《宛陵錄》：

所以一切聲色，是佛之慧目。法不孤起，仗境方生。為物之故，有其多智。終日說，何曾說？終日聞，何曾聞？所以釋迦四十九年說，未嘗說着一字。（《大正藏》四八．三八五下）

釋迦牟尼三十五歲成道，之後一直在說法教人度生，至八十歲入滅，其間說法共四十五年（此處作四十九年）。爲甚麼却說「未嘗說着一字」？釋迦日日說法，弟子日日聽法，爲甚麼會是「何曾說」？「何曾聞」？此中的密意還是覺悟本身是一種創造性的經驗，必須自家去體會。滋味如何，只有自家感到，別人是不能分享的。就這點言，即使是創教祖師釋迦牟尼，亦不能把覺悟的經驗說與別人知曉。

以上我們基本上是就第一點意思來消解「無厘頭」禪。以下我們以第二點意思來清理難解的禪。

四、

一、《臨濟錄》：

等妙二覺擔枷鎖漢，羅漢辟支猶如厠穢，菩提涅槃如繫驢橛。（《大正藏》四七・四九七下）

繫驢橛指路旁繫縛驢馬的棒子，指普通的、染滿汚濁與塵埃的東西。這與擔枷鎖漢子、厠穢並說，都是指穢濁的東西。等妙二覺則是等覺與妙覺，是菩薩十地以後的境地，過此以往，即是佛了。羅漢辟支即阿羅漢與辟支佛，是小乘的聖者。菩提則是菩提智慧，是證空理而入涅槃的智慧；涅槃自是佛教的理想，表示擺脫了生死輪轉的境地，這在小乘、大乘來說，都是如此。這些都屬於清淨的聖境方面。一般人有凡、聖的二元對立的想法，因而要捨凡向聖，結果仍不免爲聖所束縛，視聖爲崇拜的外物或對象，因而不得自由。臨濟的意思，是要把這種二元的想法打落，消除人們對聖境的崇拜與執著，因而以一種極端的（radical）眼光，將這些聖境視爲擔枷鎖漢、厠穢，以至繫驢橛等汚濁的東西，以提醒世人。其實，這些聖境的東西自身並不汚濁，但若以二元的相對的眼光來看它們，而崇拜、執著它們，以爲可作依靠，便成汚濁了。

二、《無門關》：

雲門因僧問：如何是佛？門云：乾屎橛。（《大正藏》四八・二九五下）

僧人提出「如何是佛」一問題，表示他對佛有所執取。他是在聖、凡的相對格局下看佛，視之爲極其高貴潔淨的人格，因而生起一種對佛的強烈的趨慕心情，眼中只見到佛這一理想人格，而不見其他。這顯然是眼光爲佛所囿、所蒙蔽。這是比較高層次的執著。另外，「如何是佛」一問題，主要應不是一理解上的問題，而是一實踐上的問題。卽是，所問的，是如何能成佛。由於問者對佛有濃烈的趨慕心情，因而有急於要成佛的意願。這種意願，很易導人以爲成佛之事是一與世間事情迥然不同的事，因此要特別處理，要捨離世間的事情，以專心求成佛。這仍是一種偏執。成佛豈能離棄世間事情？《壇經》說得好：

佛法在世間，不離世間覺；

離世覓菩提，恰如求兎角。（《大正藏》四八・三五一下）

雲門禪師大概看到僧人對佛與成佛有這樣的偏執，總以爲佛與成佛是高人一等與遠離世間，因此便應以「乾屎橛」，以最骯髒下賤的東西頂回去，把僧人的執著打落。

跟着我們就第三點意思來看「無厘頭」禪。

五、

一、《碧岩錄》：

爾但上不見有諸佛，下不見有眾生，外不見有山河大地，內不見有見聞覺知，如大死底人却活相似，長短好惡，打成一片。（《大正藏》四八．一四六下）

這裏一連串強調不見這樣，不見那樣，好像要否定分別，否定認知，以至否定常識。表面看確有這個意思，而實際上常識是不可也不應否定的。不過，文字的深意不在此。它是要教人不要停駐於分別、認知與常識的層面，要超越這層面。這層面是建基於相對性上的。必須超越了它，才能顯露具有絕對性格的眞理。這超越的歷程（有時亦可說爲否定），是我們從較低的眞理層面進於較高的眞理層面的必經途徑，這實有辯證的意味。「長短好惡，打成一片」，並不是不起認識、分別之意，而是要把由長短好惡所概括的一切相對性同時打落之意。

二、《碧岩錄》：

僧問香嚴：如何是道？嚴云：枯木裏龍吟。僧云：如何是道中人？嚴云：髑髏裏眼睛。（《大正藏》四八．一四二中）

「道」指眞理；「道中人」指在追尋眞理或沐浴於眞理中的修行者。枯木與髑髏都是沒有生機的東西；龍吟與眼睛則充滿生氣、生命。這段文字表面看是不通的：枯木如何生龍吟？髑髏如何生眼睛？實情當然不是這個意思。它是教人要徹底掃蕩一切相對相狀，絕滅一切妄念妄想。在這方面要「大死一番」。「大死」即是徹底清除相對的念想。後者是障礙眞理的顯現，眞生命的透出的。必須大死，才能復甦，透露生機，因而「死而不死」。必須過了大死這一關，才能有圓熟的覺悟，點化衆生，而游戲三昧。日本人很強調大死的重要性，譯之爲 Great Death ，以爲這是覺悟、證眞理的必經歷程。古人用兵，有「置之死地而後生」的想法，禪亦如是，必須先死一次，否定一切相對的念慮妄想，才能透露那絕對的無限的大自在、眞生命。相對的念慮妄想是枯木、髑髏，大自在、眞生命則是眼睛、龍吟。

關於「大死一番」，禪籍亦有說到。《碧岩錄》：「須是大死一番，却活始得。」(《大正藏》四八・一七九上)眞正的活(覺悟、解脫)，或精神意義的活、永恆的活，需經一極其艱苦却是重要的大死的修行，才能達致。

二、《碧岩錄》：

若透得，依舊山是山，水是水，各住自位，各當本體，如大拍盲人相似。(《大正藏》四八・一七四下)

這話語的前半截涉及禪門的一個極其流行的故事或說法。這說法很簡單：有一修行僧人，對着山與水作觀想。初看時，覺山是山，水是水；再看時，覺山不是山，水不是水；最後看時，覺山仍是山，水仍是水。這種看山水的經驗，峯廻路轉，充滿矛盾，表面看來，確有使人摸不着頭腦之感，這是典型的「無厘頭」禪。不過，實情並不如是。熟悉禪的思想背景的人都知道，禪的境界，不可直線而至，而須經一轉折、一辯證的發展而後達致的。對於這個說法，我們可以這樣理解：

初看山與水時，是以常識(common sense)的眼光來看；山是自己所熟悉的山，水是自己熟悉的水。山與水都擺放在那裏，好像各自有其常住不變的本性。這種看法，談不上認識上的深度或智慧。此中自然有執著，執著山、水的本性也。再看山時，是以智慧的眼光來看，特別是本着般若思想（禪與般若思想有很密切的關連）的空觀或空之智慧來看，看破了山與水的根本性格；例如山是由花、草、樹、泥土等東西（緣）聚合而成而已，本來沒有常住不變的山的自己或本性存在。山由不同的因素或緣聚合而成，這是緣起；因此它不可能有常住不變的本性，這是性空，或空。故這種看法是：山與水都不是具有常住不變的本性的山與水，卽「山不是山，水不是水」。前後的「山」與前後的「水」的意義層次，並不一樣。這種看法是沒有執著的，不執著山與水的常住不變的本性也。最後的看法顯示禪的入世態度，以世間作為它的終極關心所在。卽是，山、水以至整個世界雖是緣起性空，無獨立不變的自性，但還不應捨棄它，別求理想的境地。世間卽此卽是覺悟的境地，實現價值的場所。因此要迴向世間，在世間實現宗教的理想。故看山還是山，水還是水，並不捨棄它們，而是還他們的本來面目。這是以一種無執著的心態來看世間。故山仍是山，水仍是水。

這最後的看法，實表示禪以至大乘佛教的圓熟的悟境。把世界還歸世界，使之「各住自位」，「各當本體」，各自保有其特殊性與功能，而又證其本性爲空，但又不以空來抹煞一切，所謂「目空一切」，不以空來否定世界，却是對世界持一積極的態度，自身參與其間，助成世界在精神上的轉化。所謂「大拍盲」，卽是看世界或色相，不作實在的色相想，不執取它的常住不變的本性，却是當體證其空性，而保持它的現象的緣起性格，不予捨離，更不予析離破壞。

這大拍盲的涵義很深微。在禪文獻中，亦有不少處透露這個消息。如宋廓菴禪師《十牛圖頌》的第九圖頌「庵中不見庵前物，水自茫茫花自紅」，和雲門禪的三句「涵蓋乾坤，截斷衆流，隨波逐浪」的「隨波逐浪」句，都有這個意思。限於篇幅，關於這點，這裏不擬多作討論。以下我們看另外一種「無厘頭」禪的形態。

六、

一、《碧岩錄》：

僧問雲門：如何是清淨法身？門云：花藥欄（《大正藏》四八·一七七中）

法身（Dharmakāya）是精神意義的主體性，相當於西方哲學的純粹主體性（pure subjectivity）。它與佛性、如來藏，基本上是同義，但分際不同。依《涅槃經》等強調佛性思想的文獻，一切衆生都具有佛性（成佛的基礎、超越根據），能否成佛，主要在佛性是否顯現出來。佛性在隱伏、潛存狀態，稱爲如來藏；顯現出來了，便是法身。法身自然是清淨的。清淨法身通常指毗盧遮那（Vairocana）佛身。它既是純粹的主體性，故無所不在，沒有空間性，可以說是遍一切處，舉目皆是。雲門禪師以「花藥欄」回應僧人的有關清淨法身的問題，並不表示花藥欄與清淨法身有甚麼特殊的關係，只是當他舉目所見，剛好是花藥欄，因此便這樣回答，表示清淨法身舉目皆是之意。這自是一種泛法身論的論調。這裏我們亦可以推論，僧人所提的，是一個實踐的問題，即如何或在何處可以體現法身的問題。若硬要在花藥欄與清淨法身之間找特殊關係，推敲爲什麼雲門不舉其他的東西，而偏舉花藥欄，便勢會導致穿鑿附會，成了「無風起浪」了。

二、《碧岩錄》：

僧問大龍：色身敗壞，如何是堅固法身？龍云：山花開似錦，澗水湛如藍。此事若向言語上覓，一如掉棒打月，且得沒交涉。（《大正藏》四八．二〇八中）

這段文字，表示一則公案，稱堅固法身，又稱大龍法身。大龍山智洪弘濟回答僧人的問題，以「山花開似錦，澗水湛如藍」來說堅固法身，表面上是難以令人明白的。但深思之，亦非不能解。堅固法身即是清淨法身，是純粹絕對的主體性，常住不滅的精神性的存在，與色身的有生、住、壞、滅的歷程不同。這法身是遍在的，它無時不在，無處不在，沒有時、空的限制。即使在山花與澗水之中，亦能體現其存在。像「山花開似錦，澗水湛如藍」所表示的這樣美妙的景象，怎能不有法身在呢？不過，這種體驗，只能在直覺的悟境中得之，不能訴諸文字言說，因後者有限制也。以文字言說來說法身，不啻掉棒打月，了無結果也。

從哲學與宗教看寒山詩

寒山詩在中國文學史中，一直都以隱者的姿態出現，未受注意。但在國外却大行其道。鍾玲女士在其〈寒山詩的流傳〉一文中說：「數百年來，寒山在日本一直是位受推崇的詩人。更令人訝異的是，儘管東西文化有很大的距離，寒山詩却在二十世紀的美國風行起來。一九五八到一九六五年間，寒山成爲美國『疲憊求解脫的一代』(The Beat Generation)的理想英雄。寒山詩的英譯本更成爲那一代青年人的精神糧食。」❶關於寒山詩何以在日本流行，筆者在這裏暫不擬討論。對於寒山詩之能流行於近年的美國，特別爲那些所謂「疲憊求解脫的一代」的西皮士們所欣賞的問題，鍾文以爲這是由於在生活情態方面，寒山詩所表現的與西皮士所追求的，有很多相似之處。如文中謂：「在外表打扮和行爲上，寒山與疲憊求解脫的一代都表現反抗傳統的意識。而在精神上，寒山詩除了隱身群衆，還以回歸自然爲其生命的目的。……這位詩人遠離塵世，獨自住在一個高崖上。同樣地，疲憊求解脫的一代擺脫了現代美國文明的物質享受，擺脫了家庭和社會的束縛，在公路上、荒林中流浪。此外，由於受西方工商業文明、機械化文明的壓力，年青人對大自然與精神生活嚮往不已。寒山詩中的作者，無憂無慮地生活在大自然之中，他詩中描寫住在寒山上的生活，呈現一片自在與寧靜。……寒山其人其詩之所以能風行於文化背景殊異的美國，正因爲他滿足了疲憊求解脫一代的期望與尋求。」❷這是從文學與心理學方面立言，筆者大抵同意。不過，就進一步言，或者說，就哲學與宗教方面而言，那些西皮士與寒山到底在甚麼程度之下相似呢？或者說，西皮士所了解所欣賞的寒山，是否與寒山的本質相應呢？這便要作進一步的研究。據筆者的了解，西皮士與作爲他們心目中的「群衆英雄」的寒山的相應，恐怕只是限於表面而已，即是說，只是限於外表上的生活行爲和比較表面的心理現象而已。一如胡菊人先生在其〈詩僧寒山的復活〉一文中所比較者：「『樺皮爲冠，布裘破敝，木屐履地，是故至人遯迹，同類化物，或長廊唱詠，唯言咄哉咄哉，三界輪迴……』則與搜索一代（按即 Beat Generation）的『比尼克』Beatnik 之蓄鬍長髮，粗衣破服，足履爛鞋，唱民歌，誦詩，聽爵士樂，基調並無不同。而寒山『或於村墅與牧牛子而歌笑，或逆或順，自樂其性……』又正與搜索者們的生活格調相合……」❸但是在心靈深處的人生理想方面，在嚴格意義言的生命情調與生命方向方面，西皮士與寒山是否相契合呢？他們之間有無本質的差異呢？這顯然是另一問題。這即是本文所要探討的其中一個問題。

本文題爲「從哲學與宗教看寒山詩」，特標哲學與宗教，即是要就嚴肅意義的人生理想或生命方向一面着眼來看寒山詩之意。而哲學與宗教，分開來說，正是要處理和解決這類人生問題者。合起來說，那是由於與寒山詩有重要關連的佛教，特別是禪佛教，其哲學與宗教二者不能分開之故。

一 寒山的生命情調

首先就寒山詩的作者的生命情調言。此點可以透過作者的一般生活樣貌而窺知。若加上後面要討論的，卽從他的作品中看他的思想與理想一點，則會更爲清楚。

寒山被認爲是寒山詩的作者，尊稱爲寒山子。但實際上，現存的《寒山詩集》，不是一人之作，除寒山本人外，還包括其摯友拾得及豐干的作品。不過這三人的生命基調很相同，其作品風格亦相似，故往往以寒山來蓋括其他二人。

又寒山本人的實在性，古來已有很多議論。關於其生平履歷，一直都不能有定論。一般都認爲他是一個超然物外，風流怪誕的人物。他在唐初天台唐興縣西七十里的岩窟裏作棲隱的生活，自號「寒岩」，在那裏過着獨來獨往的生活，享受着生命的樂趣。

其附近有天台山國淸寺，天台宗開祖智顗大師曾在此講過學。寒山生活閑散，常到這國淸寺來溜躂。寺內有一人名拾得，是一個性情古怪的和尙。他專管伙食，當寒山來時，他常以竹筒貯盛殘飯與菜渣，而與之解饑。寒山接下，漫步於長廊中，愉快無礙，獨自嘻笑，旁若無人。其他僧人往往不滿，時常試圖追捕他，打他一頓，他却鼓掌大笑，洒然而去。他在國淸寺中顯然是孤獨的，只有拾得是他的知音。蓋二人在脾性以至生命情調的深處，有相契合之點也。

這兩人以樺皮作帽戴，衣衫襤褸不堪，以木屐履地，穿揷於俗情的世人之中。但始終淡薄名位，自足於素貧。有人以爲，他們自己在人生境界方面，已得到深刻的覺悟，其和光同塵的行徑，那是要接引迷惑的衆人，而使人開悟之故。因此，有人竟以寒山是文殊菩薩的再來，拾得是普賢菩薩的應化。（筆者按：文殊是以般若智慧出名，普賢則以慈悲心願爲人稱道。）

其時，國淸寺還有一個怪人，他是一個禪宗大德，名豐干禪師。他與寒山拾得兩人的格調相似。三人同被一些人視爲具有高行的遁世隱者。

當時，有閭丘胤其人，爲浙江省臺州官員。他在到臺州上任途中，突患頭痛。豐干禪師適逢其際，乃謂曰：「此地有山氣，霧多，濕度大，不宜於健康。但你的病是由虛幻而生。唯淨水能治此病。」因以淨水噴之，病乃癒。豐干又告以寒山拾得之事，然後辭去。

其後，閭丘胤履任，三日後，再到國淸寺，探訪豐干禪師，但人去院空。問起他在院中的生活起居時，有人答謂：「他時常在舂米，又收集大衆的供養，在夜間自唱自樂哩。」其後尋至廚房，突見竈前坐着二人，對火談笑。閭丘胤暗想：果然是寒山拾得了，因卽整衣禮拜。兩人大感驚愕，隨後大笑，急離寺院，不知所踪。閭丘胤卽命院僧執拾房間，俾這兩個人能於院中安住，更立卽準備法衣香藥以爲供養。但自後却不復見兩人囘寺院。當其時，使者尋至寒山的岩居，呈上供養。寒山竟大聲叫嚷：「不要這些！」退囘岩室。岩中繼而有悠聲勸誡：「敬告各位，好好地用功吧，不要忘記種種修道啊！」言畢，岩穴自動關閉，不復可追❹。

從這個故事所見到的寒山（當然也可包括拾得與豐干），在生命情調方面，我們可以綜合出以下幾個特點：

㈠在一般生活上不作檢點，任意所適，不隨順世流。
㈡踽踽獨居而自得其樂，是世間的孤獨者。
㈢在人生的境界上，有很深刻的覺悟。
㈣在遠離世間下又不捨世間，以使人詫愕的姿態出現，對世間的愚昧加以點化，使人轉向覺悟。

關於第三點，我們會在後面論寒山的思想與宗教實踐方面，有更詳細的討論。關於第四點，從表面上看，似乎是寒山個人心理上的矛盾。他不隨流合汚，不喜愛這個世間，而寧願獨居於岩室。但又不能與這個世間完全脫離，且更不時在這個世間中出現，勸化衆生。實際上，這不必構成矛盾，我們無寧應這樣理解，這是大乘菩薩的不捨世間的精神的雛形表現。這點在人生理想方面有極重要的意義，且更直接決定大乘佛教的精神本質。關於這點，我們在後面亦會再行討論。

這裏要指出的是，寒山的生命情調，重要的不在一、二點，而在三、四點。一、二兩點只表示個人的與衆不同而已，而這與衆不同，亦只是一個事實，在追尋與達成人生的意義與目的方面，並不具有任何積極的意義。你不隨順世間而獨標新意，寧願一個人孤獨地過着寫意的生活，這是你個人的事。常然，對世界的不滿，可以從種種意義上言，而這些意義自身的深淺亦可各自不同。但倘若你只止於此，不採取積極的態度去正視這世間的汚濁，甚至改造這個世間，而只消極地取一種排拒世間的方式，而與之隔離的話，則縱使世間是汚濁，你自身眞是純潔至一塵無染，你的生命的意義仍是很有限的，不過是衆人皆醉我獨醒而已。結果你仍是你，世間仍是世間。故在這個意義下，第三、四兩點便顯得可貴。這是積極的法輪常轉。在人生的意義上，它不但在深度上使個人超化，而提昇其精神狀態；而且在廣度上使世間超化，而提昇其精神狀態。故亦唯有三、四兩點，才使人受到尊敬。寒山拾得之受時賢及後人推崇，殆亦由於此兩點之故。

倘若我們就這幾點來看西皮士，則我們可以說，他們是具有一、二兩點的。第一點是沒有問題的，他們可以說是完全與寒山相同。第二點恐怕亦是沒有問題的，西皮士總是世間的孤獨的一群。他們能反抗傳統，在世俗的衆目睽睽下獨標奇幟，這也不是一件容易的事。這需要一種能耐於孤獨的勇氣（這自然不是道德的勇氣），而在美學方面言，亦可有其一定的價值。

關於第三點，筆者便不得不抱懷疑的態度了。西皮士在人生的境界上，有些甚麼覺悟？這便很難說了。筆者以爲，在這方面，無寧應說，西皮士所表現的，是對現代文明的種種不滿而起的心理抗拒，這是消極意義的心理抗拒。表現在實際生活上，是不願隨着世俗的潮流走，但又不能建立自己的潮流，因而只能消極地離棄世間，對世間起種種嘲笑。在生活的末節上標新立異，人之所愛我不愛，人之所棄我獨取。更等而下之的，是一種矯情的標新立異，目的在發洩個人某些主觀情緒。或更等而下之的，是使標新立異成爲一種時髦的玩意。這自然更遠離第三點，而連第一、二兩點也守不住了。

筆者並未遇過美國的西皮士，但在德國却遇見不少歐洲的西皮士。他們的模樣，大抵如上面所引胡菊人先生所說的「蓄鬍長髮，粗衣破服，足履爛鞋，唱民歌」。他們恐怕沒有固定的居所，走到哪裏，便睡到哪裏。日間在鬧市，選定一個地方，作爲攤檔，擺好陣勢以後，便彈着吉他，唱起歌來。他們多是三兩成群的，故音樂與唱歌，常可分工合作。攤檔面前擺着一個爛破布袋或皮袋，圍觀者中偶而有人把碎錢放在那個袋裏，這便是他們的「收入」。他們有正規的工作不幹，却喜歡攪這種玩意。好在大人和小孩都對於這種玩意，覺得有趣，故一時亦招來不少遊人圍觀。德國 Ulm 市的 Muenster 教堂前面街道上，幾乎每日都有西皮士聚在那裏擺檔唱歌的，週末便更爲熱鬧。從他們的表現與所唱的歌的內容來說，筆者相信，這些人不會有很高的文化修養，更不要說在人生的境界方面有甚麼覺悟了。

西皮士運動，是年青人的玩意，放寬尺度來說，頂多只能說是一種青年人的疏疏落落的

「群衆運動」。這種玩意是不自覺的，故亦有時而窮，只能引起一時的熱潮。如鍾玲女士所謂：一九七〇年以後，（美國）「疲憊求解脫的一代」已成過去，「寒山狂」也成爲歷史❺。西皮士無與於以上的第四點，那是顯而易見的，這裏不必多談。

二、寒山詩所表現的思想

上面說過寒山詩的作者不止一人。它是一種集體創作，作者至少包括寒山本人、拾得和豐干禪師。據竹田益州所云，《寒山詩》是唐太宗時浙江省臺州官員閭丘胤囑一個稱爲道翹的僧人所採集成編的。其詩的成立，約在初唐七、八世紀間。採集的經過，是在國清寺附近村裏的人家與廳舍的牆壁、石壁與竹木上得到的，卽是說，那些詩是寫在這些東西上的。抄錄而得三百十一首。（詩中有謂，寒山自己實有六百十首，其他想已散迭。）詩的年代已不可考定。這三百十一首寒山的詩，加上拾得的七十首與豐干的五首，便成現在流行的《寒山詩集》❻。

寒山詩在文學上有相當高的價値。據說在寒山後三四百年，那是宋代，黃龍晦堂祖心禪師曾囑名詩人黃山谷（庭堅）和韻寒山詩，山谷經十日而不能出一句，乃止。並說：「使我再學十年，或許有陶淵明的程度，但寒山詩却無論如何趕不上」❼。

不過我們現在並不是要討論文學的問題。而是要從哲學或思想方面，看看寒山詩的思想特色。

從上面介紹寒山的故事來看，寒山不可能是儒家的人物。他的行徑，是道家式的與佛家式的。寒山的生活，沒有道德倫理的內容，故很難與儒家拉上關係。他出世遁隱，有點像古印度婆羅門臨老歸向雪山與佛教小乘聖者獨善其身的情調，但似乎比較缺乏婆羅門與小乘聖者那種刻苦的修行，而他的不時出現世間，點化衆生，却又是婆羅門與小乘聖者所缺乏的。他應該被列入道家與大乘佛教的人物。更具體地說，他最有禪者的行徑。以下我們即從其詩作來談這個問題。

寒山詩中表現道家情調的，爲數不少。下面姑舉些例子看看。

重岩我卜居，鳥道絕人迹，庭際何所有？白雲抱幽石，住兹凡幾年，屢見春冬易，寄語鐘鼎家，虛名定無益。

這是典型的道家情調。以一種恬淡的心境，來消融世間的種種名利，一切回歸自然。這實很有陶淵明詩的味道。

莊子說送終，天地為棺槨，凡歸此有時，唯須一番箔，死將餧青蠅，弔不勞白鶴，餓著首陽山，生廉死亦樂。

這時直引《莊子》的典故，而歎息世間葬儀的煩雜。

欲得安身處，寒山可長保，微風吹幽松，近聽聲愈好，下有斑白人，喃喃讀黃老，十年歸不得，忘却來時道。

這是寒山想像中的那種遠古的理想人格的生活情調。黃老實亦標榜這種理想人格。這種生活，時間性與空間性顯然變得不重要。從最後兩句很可使人探尋此中消息。十年前是一個世界，十年前至現在以迄未來，那是另外一個世界。前者是喧嘩的，後者是寂靜的。來時道的忘却，那是無所謂的，歸不得的主要原因，並不是忘却來時道，而是由於樂於後一寂靜世界，不想歸而忘歸之意。

從以上這些詩看來，便可看出寒山詩與道家在思想上的淵源。不過，就思想的淵源看，寒山詩與道家的關係，恐怕還不如與佛家者來得密切。有一點很明顯的是，寒山詩所引用的佛家詞語特多。這雖不能從本質上決定寒山詩與佛家在思想上的關係，但這起碼表示出，寒山比較習於用佛家方式來表達。而實際上，從思想本身來說，寒山詩是相當佛家式的。以下我們即從詞語與思想兩面來看寒山詩的「佛家性」。

凡讀我詩者，心中須護淨，慳貪繼日廉，諂曲登時正，驅遣除惡業，歸依受真性，今日得佛身，急急如律令。

這是一首充滿佛家思想的作品。其中「護淨」、「惡業」、「眞性」、「歸依」、「佛身」，都是佛家典籍慣用的詞語。而「護淨」一點，尤與禪宗有一定的淵源，此點且待下章再行討論。總之，這是一首本着佛家義理的勸誡詩，使人發心立志。

吾家好隱淪，居處絕囂塵，踐草成三徑，瞻雲成四鄰，助歌聲有鳥，問法語無人，今日娑婆樹，幾年為一春？

此中，「法語」、「娑婆」是佛家詞語。這是一首本着佛家意旨，而感歎世間衆生仍是迷迷妄妄，無心入覺悟之門的作品。無人問法語，卽表示佛法至道的一大事，從生死流轉解脫開來的人生大事，已無人參問。最後兩句「今日娑婆樹，幾年爲一春」，更表示出作者的主觀期望。娑婆卽指這個衆生的世間，梵語爲 sahā。這是充塞着煩惱苦業的土地，釋迦牟尼佛卽在這個界域中，忍受種種疲乏，來勸化衆生。娑婆樹卽把這世間喩爲一樹。卽是說，這個世間的娑婆樹，幾時才能轉迷成悟，而有春天，開出菩提之花呢？

人問寒山道，寒山路不通，夏天冰未息，日出霧朦朧，似我何由屆，與君心不同，君心若似我，還得到其中。

這亦是佛教氣息的。以登寒山之艱難，來比喻世人之入道無由，此道，自然是佛道了。何以我能登此「寒山」，而你們衆生不能呢？那便是由於「心不同」。我的心是離有離無、離善離惡、離美離醜的中道的空心，那是無世間的取捨愛憎的無執着的潔淨心靈。而世間的心，却是着於一切相對相而連續無間斷地起妄念的心，那是有執着的虛妄心靈。前者是無生滅的淨心，後者却是生滅的妄心。你要修煉到我的內心境界，還得下一番苦功，像攀登那陰陽不到的寒山的妙峯孤頂哩。

今日巖前坐，坐久煙雲收，一道清谿冷，千尋碧嶂頭，白雲朝影靜，明月夜光浮，身上無塵垢，心中那更憂。

「身上無塵垢」一句，與禪宗亦有關連，這亦留待下一章來討論。

一自遯寒山，養命餐山果，平生何所憂，此世隨緣過，日月如逝川，光陰石中火，任你天地轉，我暢岩中坐。

此中「隨緣」是佛家華嚴宗的詞語。而「隨緣不變」，正是華嚴宗開祖賢首大師的重要觀念。而在這首詩中，「隨緣」與最後兩句「任你天地轉，我暢岩中坐」，亦頗有這個意思。所謂「隨緣不變」是指作爲自我與宇宙之本的眞如，眞性，它不是一空寂無作用之體，而是有隨順世間流轉而起種種功德，以勸化世間的作用。但它雖隨順汚濁的世間流轉，却能保持自己的純雜無染的眞性，不變其自性。故它一方面是隨緣，一方面又不變，故是「隨緣不變」。寒山詩中「此世隨緣過」是「隨緣」，而「任你天地轉，我暢岩中坐」則是「不變」。

不過，似乎我們亦可以說，寒山此中是頗有這個意思的，但它的「隨緣不變」的觀念仍未自覺地堅固地確立起來。因詩句「此世隨緣過」，亦可作普通的泛解，而不作嚴格的哲學意義解。此生此世只是隨順流俗過去便算了，只要自己的本性不改，出汚泥而不染便好了，不必太過執着。縱使如此解，寒山的這首詩與華嚴思想，恐怕仍有一定的關連。

以上是指出寒山詩有佛家思想和道家思想的根柢的一些例證。

最後，在這一章中，筆者要說明一點的是，寒山詩的佛道思想，恐怕很難與西皮士拉上關係。卽是說，西皮士能相應於寒山者，恐怕只在外表上的生活行爲方面而已。他們的內心世界，恐怕難與寒山相契。這是由於，西皮士運動本身不大有思想的成素。這是年青人反傳統而又反現代文明的一種表現而已。他們本身在思想上並無建樹。充其量我們只能從負面方面說西皮士有虛無主義的趨向而已，而這亦未形成一種虛無主義的思想。思想總要表示一些自覺方向，西皮士恐怕難與於此。

三、寒山詩與禪

以上我們提出寒山詩的思想根源，是道家與佛家的，特別是大乘佛家。而在大乘佛學中，寒山及其詩的情調，尤近於禪。以下我們卽就此點來討論。這是最後一部分，也是全文最重要的一部分。

實際上，寒山與禪的關係，由一些歷史事實亦可顯示出來。這在鍾玲女士的文章中已有提及。鍾文云：「在宋《五燈會元》及明《指月錄》中，他以禪語公案來點化凡人。寒山及其伴侶拾得二人，由南宋名畫家梁楷開始，就成爲歷代畫家喜愛的素材。（筆者按：關於此點所顯示的與禪的關係，文後有說及。）」[8]《五燈會元》與《指月錄》都是禪宗的册籍，其以祖師身份視寒山，可見當時禪宗的人士，是自覺地把寒山列入自己的派系中的，而寒山詩自然也成爲禪宗的重要文獻了。至於梁楷及其後畫家所繪畫的寒山拾得像，也被列入與禪不能分開的藝術中，那是由於它們所表現的，是一種「禪之美感」。這種美感不但與繪畫本身有關，而且與所繪畫的對象也有關連。

這些歷史事實，當然不能本質地決定寒山詩或寒山與禪的關連。以下我們即就寒山詩與寒山其人本身，就幾方面來看與禪的關係這一問題。

讓我們先從風格一點開始。寒山詩與寒山的風格，是否有近於禪的地方呢？這點我想可以具體地就禪的藝術所表現的禪之美感一點着眼來談。禪的藝術必須表現禪之美感。這除了藝術品本身要在藝術方面有價值外，還要表現一種「禪的味道」或「禪的特殊性格」。這如何理解呢？關於此點，日本當代禪佛教哲學者久松眞一以下面的詞語來表示這種禪的味道或性格：脫俗的、蒼古、空寂、幽闃、閒靜、古拙、素樸、沒巴鼻（筆者按：此即不可把捉之意）、沒滋味、也風流、端的（按即直率之意）、灑脫、無心、孟八郎（按即浪蕩不羈）、傲兀、風顚、擔板（案卽不易屈服）、清淨[9]。倘若以這些詞語所表示的涵義，求諸寒山詩及寒山其人，由上面所述已可略窺到，這是相當配當的，卽是說，寒山詩及寒山其人，實在很有這種味道。

這種處理或許仍未能本質地決定寒山詩與禪的關係，因這總雜有太多的主觀的成素。以下我們再直就寒山的作品本身來看。

說到禪，它的目的，自然是要對那個自性，那個本來的自己起覺悟。實際上亦卽是自覺自悟。因所覺的那個自性，那個本來的自己，實是內在於覺者自身中故，實是覺者自身故。而禪中人物對自家在覺悟上所達到的境界，其表現方式，是不拘一格的。話頭公案是一種，那是比較神秘的。而在一般生活上的動作，如挑水砍柴，揚眉眨目，甚至較粗野的口喝棒打，都是表示眞性，表示自己的覺悟境界的方式。以韻文的詩體來表示，也自然是一種流行的方式。寒山詩卽被禪佛教的人士視爲屬於這個部類，所謂偈頌也。

偈頌是一種文學體式，但却意在言外。它實在是象徵的宗教詩。我們必須透過字面而入其內蘊，探取其象徵的意義。日本禪佛教修行者芳賀洞然謂：「對於這些偈頌，應該怎樣去閱讀和玩味呢？最要緊的是，那些雖好像只是吟詠花鳥風月的詩，敍景詩或抒情詩，實際上却是作者的禪的世界觀、人生觀的象徵的表現。我們不要忘記，它是以文學來透露其悟境的；我們要致力於看穿那隱藏在表面的內蘊。」⑩芳賀氏特別就此點而提到寒山詩。他說：「例如寒山詩中有『流水寒山路，深雲古寺鐘』句，亦有『泣露千般草，吟風一樣松』句。這都是詠山中的風物；但前者却寄有斷絕一切有無、生死等的相對而歌頌那寂然不動的世界之意，後者則含有這個差別歷然的世界，卽此卽是平等的世界之意。」⑪

「流水寒山路，深雲古寺鐘」句，其背後的喻意，是以當前的囂煩世界喻有無、生死相待的境界，而其實這當前的囂煩的世界自身卽是有無生滅相待的；而以深山的深遠寧靜喻那純一無雜的絕待的寂然的本體界。「泣露千般草，吟風一樣松」句，其喻意比較淸楚。在一方面，千般草的世間萬法，都是差別法，都是相依的緣起法；但另一方面，其本性都是空寂，都是平等平等，都是一樣松。禪的偈頌的這種喻意，一時亦確難把得住，亦如那些古怪的話頭公案一樣，令人費解。但若能心機靈活，認眞體會的話，亦不無一旦恍然通悟之時。但通悟便通悟了，這是心上事，不能復執着於文字。如魚兎之於筌蹄，魚兎既得，筌蹄可忘。

寒山詩中，確實有不少這類作品。不少是透過象徵而表示禪宗見性入理的修參上的艱難的。如：

寒山多幽奇，登者皆恆懾，月照水澄澄，風吹草獵獵，
凋梅雪作花，杌木雲充葉，觸雨轉鮮靈，非晴不可涉。

又如：

欲向東岩去，於今無量年，昨來攀葛上，半路困風煙，
徑窄衣難進，苔黏履不前，住茲丹桂下，且枕白雲眠。

很明顯地，這是寒山喻修行的目標。禪的實參實證是艱苦的，如攀崇山峻嶺一樣，好容易攀登至半途，亦可能隨時會滑跌下來，以至前功盡廢。參禪亦是一樣，心上一下把不住，便會誤入邪魔。寒山自己實在也深深地感到自己在這條道路上的孤獨。如：

登涉寒山道，寒山路不窮，谿長石磊磊，澗闊草濛濛，
苔滑非關雨，松鳴不假風，誰能超世累，共坐白雲中？

「誰能超世累，共坐白雲中」句，卽表示自己仍是在這條道路上，踽踽獨行。「苔滑非關雨，松鳴不假風」句，寄意猶爲深遠而有意義。那是表示修參之事，主要還是自家生命上的事，要自己親身投入的，假借不得。

這是一條漫長的心路。要在這方面有成就，必須把握時光，及時努力。寒山詩有謂：

浩浩黃河水，東流長不息，悠悠不見淸，人人壽有極，

苟欲乘白雲，曷由生羽翼？唯當鬒髮時，行住須努力。

在思想上，寒山與禪宗亦有一定關連。這可從上章提到的「護淨」與「身上無塵垢」兩點中看到。所謂「護淨」，即是守護着那個本來清淨的心，不令之着塵之意。這與禪宗五祖東山門下北宗神秀的「看淨」觀念，是同一義理形態。而「身上無塵垢」，更合於神秀《大乘五方便》的「淨心體猶如明鏡，從無始以來，雖現萬像，不曾染着」之意。不過，這些散散落落的觀念，只能表示寒山的一些想法而已，並未足以構成一套思想，而寒山本人，恐怕也從未想到以思想家自居。故我們在這裏的敍述，亦點到即止，以避免過分牽附。

另外一點堪注意的是，在生活上，寒山是瘋瘋癲癲的，總之是異乎常人的。但在頭腦上，他顯然是很清醒的，而且在人生的境界上，他有相當深刻的體會。他對自然的欣慕，也表示他具有形而上的以至宗教的意識。這些都可以從他的作品中看到。這種外表行爲上詭異但內裏却埋藏着深邃的智慧的作風，與很多禪宗祖師們的行徑相似。而他常以怪人的姿態出現來勸化衆生，對於「教外別傳不立文字」的禪宗祖師的慣以古怪方式來表現自己的覺悟與教化弟子們，實有一種存在的相應。他的生命，存在地即是「教外別傳不立文字」。他不循傳統途徑，這是「教外別傳」；他勸化世人，無正規固定方式，這是「不立文字」。之所以如此，那是由於，在對於最高境界的契會不能透過言說一點上，他與禪宗祖師有同一的理解。他有詩謂：「吾心似秋月，碧潭清皎潔，無物堪比倫，教我如何說」。不過，他生活荒唐而無常軌，在外表上缺乏一種嚴肅感，故不能有信徒；他的觀點不能構成一套有系統的思想，故無教說。他自己恐怕亦無意於此。但他的行爲與想法，很有宗教味道，這也是很可確定的。

還有一點是，他是一個世間的孤獨者。他雖受到當時一些人的尊崇，但眞正了解他的人恐怕不多。故他只能棲身於岩室，過其獨來獨往的生活。但他又不像小乘的聖者，遠離人間煙火而獨善其身。他時常投身到衆生的世間方面去，勸化衆生，俾能同登覺悟之境。於是，便使他從小乘聖者群中脫出，而厠身於大乘菩薩的行列。這在宗教實踐方面，具有特殊的意義。慧能的南宗禪有所謂游戲三昧，指一些具有深厚禪定工夫的禪修行者，常現平常身的身份，厠身於市纏之間，以種種方便或法門，點化迷妄的衆生，使轉迷成覺。其手法高明，能隨意運用方便於掌上，收放自如，倣如遊戲，無滯無礙。就寒山的行徑看來，他很有這種風格。他表面上雖然是獨來獨往地生活，實際上却懷有深厚的慈悲，不能忘情於世間，故常俟機出現於汚濁的世間，勸化衆生也。

關於西皮士與禪，那恐怕是兩回事。筆者認爲無討論的必要，本文亦止於此。

附註

❶《明報月刊》第十二卷第七期，一九七七年七月。

❷同註❶。

❸《明報月刊》第一卷第十一期，一九六六年十一月。此處則轉引自鍾文。

❹關於寒山的生平，比較可資參考的，是唐太宗貞觀年間一個臺州官員叫閭丘胤所寫的詩序，及一些十分零碎的考證資料。筆者手頭無此等資料。以上有關寒山拾得及豐干禪師的故事，是參考日本學者竹田益州所著〈寒山詩〉（載於《講座禪第六卷——禪の古典：中國》一書，西谷啓治編，昭和四十九年六月）一文而得者。

❺同註❶。

❻竹田益州，〈寒山詩〉。參考註❹。

❼同註❻。

❽同註❶。

❾久松眞一：〈禪藝術の理解〉。收入於氏著《東洋的無》（一九三九，頁八五—九七）一書中。

❿芳賀洞然：〈禪籍をいかに讀むか〉，收入於《講座禪第六卷——禪の古典：中國》一書，參照註❹。

⓫同註❿。

十牛圖頌所展示的禪的實踐與終極關懷

一、前言

禪佛教在方法論上的一個特點，如衆所周知，是不立文字。這自然不表示禪完全不要文字言說，對由文字言說所成立的經典採敵視態度。實際上，禪的一些祖師，還是祖述經典的；如初祖菩提達摩（Bodhidharma）宗《楞伽經》（*Laṅkāvatāra-sūtra*），五祖弘忍則講《金剛經》（*Vajracchedikā-sūtra*）。我們無寧應說，禪認爲文字言說有限制，不能展示眞理或覺悟的消息。因文字言說立根於相對性（relativity），而眞理或覺悟的消息則是絕對的；以相對的文字言說自不能充分地展示絕對的眞理。故禪要超越文字言說，盡量減少運用這種東西，而採取其他方式，以顯示眞理。這其他方式，最具代表性的，自然是棒、喝。另外，禪也流行運用文學與藝術，特別是圖畫，來表達那絕對的旨趣。文學自然還是要運用文字的，不過，文字的作用，不在說理，而在透示一種境界，或烘托一個譬喻，使人由之可體會眞理。圖畫則自是不同於文字的另外一種顯示眞理的媒介。牧牛的圖頌，便在這種理解下流行起來。

牧牛圖頌通常由頌與圖組成，頌自身有時又包括一短序。自宋代以來，這類作品很多，其中有三種很爲時人留意。其作者分別爲清居、廓庵、自得。清居的是五圖，廓庵的是十圖，自得的則是六圖❶。在這幾種作品中，廓庵的顯然最爲完備，它包括圖、頌與序三部，很能以牧牛譬喻以顯示出禪佛教的實踐程序與它的終極關懷，因而很爲現代學者所注意，這自然也帶來很多有關這個作品的研究。從事這方面的研究的，有日本與西方的學者，包括鈴木大拙、久松眞一、柴山全慶、梶谷宗忍、辻村公一、笠普斯（S. Reps）、杜利瓦（M. H. Trevor），一時成爲風尚。這些研究包括頌文的翻譯、解說和發揮。在這些研究中，柴山全慶的評論平穩中肯；久松眞一以其京都學派第二代宗師的身份來論述，有很多精采的意思，主觀性也很強；鈴木大拙的表現則平平無奇。在我國的佛學研究界，似乎很少人留意及這個有趣和有意義的作品，更不要說甚麼研究了❷。

在這篇文字中，我們要對廓庵的牧牛圖頌中的頌與序的部份，作一全面的考察與反思，以展示出禪的實踐的全幅歷程及其在宗教上的終極旨趣，並牽涉一些比較宗教的問題。所根據的頌與序，是日本京都大學人文科學研究所所藏的復是松本文三郎舊藏的五山版的本子。我們的步驟是先把序與頌錄出，然後逐一評析，最後作一總的反思。希望這個研究，能補我國學界在這方面的不足。

按廓庵是宋代的禪師，全名爲廓庵思遠，是大隨元靜禪師的法嗣。在法脈上，他屬於臨濟宗。他的十牛圖頌，包括圖、序、頌，都是他本人的作品。以下是我們對他的十牛圖頌的序與頌的研究。我們先把序文與頌文列出，然後加以評析。

在廓庵的十牛圖頌之先，有一總序，顯示十牛圖頌的旨趣，也談到廓庵對在此之前的清居的牧牛圖的觀感。以下是這個總序的原文。

住鼎州梁山廓庵和尚十牛圖序

夫諸佛真源，眾生本有。因迷也沉淪三界，因悟也頓出四生。所以有諸佛而可成，有眾生而可作。是故先賢悲憫，廣設多途，理出偏圓，教興頓漸，從麤及細，自淺至深，末後目瞬青蓮，引得頭陀微笑。正法眼藏，自此流通，天上人間，此方他界，得其理也超宗越格，如鳥道而無蹤；得其事也滯句迷言，若靈龜而曳尾。間有清居禪師，觀眾生根器，應病施方，作牧牛以為圖，隨機設教。初從漸白，顯力量之未充；次至純真，表根機漸熟；乃至人牛不見，故標心法雙亡。其理也已盡根源，其法也尚存莎笠，遂使淺根疑悞，中下紛縛；或疑之落空亡也，或喚作墮常見。今觀則公禪師，擬前賢之模範，出自己之胸襟；十頌佳篇，交光相映。初從失處，終至還原；善應群幾，如救饑渴。慈遠是以探尋妙義，採拾玄微，如水母以尋飡，依海蝦而為目。初自尋牛，終至入鄽。强起波瀾，橫生頭角；尚無心而可覓，何有牛而可尋？洎至入鄽，是何魔魅？況是祖禰不了，殃及兒孫。不揆荒唐，試為提唱。

這個序所反映的思路，很明顯地是肯定一切衆生本有清淨的佛性或清淨心，或一般所謂眞性。這眞性若不能顯露，生命便成迷妄，而在三界中輪轉；若能顯露，便能從輪轉中超拔過來，而得覺悟、解脫。這是《勝鬘夫人經》（*Śrīmālādevīsimhanāda-sūtra*）所提出的如來藏自性清淨心的傳統，也可說是上承達摩禪法的「含生凡聖同一眞性，但爲客塵妄覆，不能顯了」

的思想❸。至於說「理出偏圓，教與頓漸，從麤及細，自始至深」，則顯然是天台智顗判教的口氣❹。按如來藏自性清淨心與達摩禪的眞性俱走分解的形態，智顗則是綜合形態，兩者本不易結合起來。序文作者的思路，可能仍是分解的，他涉及智顗的判教，只是引用一些話頭而已，未必眞表示智顗的思路。

這篇序文的作者是慈遠，不是廓庵本人❺。他提到清居的牧牛圖頌。這清居是洞山良价的第六代弟子，全名爲清居皓昇（禪師）。慈遠最初讚揚清居的作品，謂它具有「應病施方，隨機設教」的方便的作用：把牛的形象，從顏色的變化，以至最後牧者和牛都消失掉，所謂「心法雙亡」，象徵主客關係的泯滅的超越理境。不過，他還是不滿意這種境界，認爲有虛無主義（nihilism）之嫌。在這點上，他便突顯廓庵（則公禪師，廓庵的諱號爲則公禪師）的牧牛圖頌的優點。一方面，它繼承了傳統的好處，「擬前賢之模範」，另外，又有自家的卓見，「出自己之胸襟」。按廓庵的牧牛圖頌的第八圖是「人牛俱忘」，這自相應於清居牧牛圖頌的最後的「心法雙亡」，但它後面却緊跟着「返本還源」與「入鄽垂手」兩圖，這則是清居作品所沒有的；而這兩圖正正面顯示一種積極的入世情懷，這在我們後面的解析中會有詳細的闡述。慈遠對廓庵的牧牛圖頌的激賞，顯然是在它能展示這種積極的入世情懷方面。

如上所述，廓庵的牧牛圖頌分十個階段，所謂「十牛圖頌」，這十階段計爲：一、尋牛，二、見跡，三、見牛，四、得牛，五、牧牛，六、騎牛歸家，七、忘牛存人，八、人牛俱忘，九、返本還源，十、入鄽垂手。前八圖頌可歸納於個人的修習方面，其重點在於主體性的發現與涵養，這是內在的工夫❻；後二圖頌則顯示主體性的發用，或外在的發用，在客觀的世界方面成就種種功德；這亦是成就自己也❼。

以下我們卽依次闡述廓庵的十牛圖頌，先說前八圖頌的修習情況，再說最後二圖頌的發用義。

二、禪的實踐

一、尋 牛

序：從來不失，何用追尋？由背覺以成疏，在向塵而遂失。家山漸遠，歧路俄差，得失熾然，是非鋒起。

頌：茫茫撥草去追尋，水濶山遙路更深，
力盡神疲無處覓，但聞楓樹晚蟬吟。

這裏所說的牛，譬喻或象徵自家生命的眞實的本性、眞性，或佛性。就如來藏系統的思想來說，這佛性卽如來藏，或如來藏自性清淨心，這是衆生本來具足的眞心，是覺悟成佛的潛力或基礎。禪與這種如來藏系的思想，有深厚的淵源，再就以下要闡說的第九圖頌返本還源的序文的「本來清淨，不受一塵」的說法來看，這十牛圖頌的思想，與如來藏系很相近，故它所涵的眞性，亦卽牛所象徵者，很可能是指那個清淨心❽。因此，我們可以說這牛是心牛❾。這心牛顯然是我們的眞實的主體，或主體性（subjectivity）。這如來藏系的思路是分解的，它先肯認定一清淨的眞心作爲覺悟與成佛的依據。衆生超越地卽具足這眞心，但在現實上却是凡夫，那是由於生命中的無明客塵、種種迷妄的成素掩蓋了這眞心，使它的光明不能顯露之故。「由背覺以成疏，在向塵而遂失」。「覺」即指對這眞心，或心牛的自覺，「塵」指客塵煩惱，是使心牛迷失的染污的因素。只要能掃蕩無明客塵，找回心牛，使之顯露光明，便能覺悟成佛。覺悟成佛的境界是絕對的，無得失，無是非；但若無明客塵作主，心牛迷失，則心便成識心、虛妄執著心，「得失熾然，是非鋒起」。

京都學派的久松眞一特別強調，這裏所說的牛，是生命的「本當之自己」，它是「衆生本來是佛」、「一切衆生悉有佛性」中的佛或佛性，它是內在的，不能外求[10]。這是對的。這是從根源上說是如此。但在現實上佛性可以爲無明客塵所障蔽而迷失自己，暫時不現，使生命隨着外界的感官對象的脚跟轉。這便需要作工夫，撥開無明客塵的障蔽，重現佛性的光明，或「尋回」心牛。約實而論，「牛」雖然是迷失了，但它未有走到外面去，它仍在生命中。故眞正的尋牛，需在生命中尋，不在外界方面尋。外界是決不會有心牛的。圖頌中所表示的在外界草叢中尋牛，只是象徵或譬喻而已。這點非常重要。

二、見跡

序：依經解義，閱敎知蹤。明衆器爲一金，體萬物爲自己。正邪不辨，眞僞奚分？未入斯門，權為見跡。

頌：水邊林下跡偏多，芳草離披見也麼，
縱是深山更深處，遼天鼻孔怎藏他？

經過一番尋找，終於找到一些蹤跡了。不過，這是通過文字言說與辨解的方式而來，不是親證，故還不能算是眞正尋回心牛。「依經解義，閱敎知蹤」即表示透過經文敎說作爲媒介而接觸，這仍是抽象的、不切實的。「明衆器爲一金，體萬物爲自己」的意思是明白各種器皿都是同一的金屬所造，萬物的本性都是眞如，都是空無自性。這有從各種特殊性的東西認取其普遍的性格的意思，但仍滯留於概念的、思想的層面，仍未能現證那作爲普遍性(universality)的同一的金屬或同一的眞如空理。這時的境界，仍只是在眞理門外徘徊，而未得其門而入，不能眞見心牛也。不過，這個階段亦非全無意義，它對引入眞理的殿堂，仍有開導作用，仍是一種方便，故謂之「權」。

三、見牛

序：從聲得入，見處逢源。六根門著著無差，動用中頭頭顯露。水中鹽味，色裏膠青，眨上眉毛，非是他物。

頌：黃鶯枝上一聲聲，日暖風和岸柳青，
　　只此更無回避處，森森頭角畫難成。

這裏表示修行者已經克服了文字言說與概念思維的限制，而直下看到自家生命中迷失了的心牛。這是在此之前所作的努力的結果。「從聲得入，見處逢源」，作爲方便的聲(牛叫聲)，仍然是重要的。必須藉着方便，才能探到本源的最高主體性，或心牛。序文與頌文都明顯地表示，在這個階段，心牛的面目已認取得很清楚了，它不是模糊的印象。「六根門著著無差，動用中頭頭顯露」；心牛的鮮明印象，像鹽味之於水，膠青之於色，不易被混淆。

不過，柴山全慶強調，這仍未透徹至大悟的階段，它基本上顯示出一種對正確的理法的省悟狀態⓫。無論如何，「黃鶯枝上一聲聲，日暖風和岸柳青」，修行者內心的輕快與開朗，是很明顯了。

四、得牛

序：久埋郊外，今日逢渠。由境勝以難追，戀芳叢而不已；頑心尚勇，野性猶存，欲得純和，必加鞭撻。

頌：竭盡精神獲得渠，心强力壯卒難除，
有時才到高原上，又入煙雲深處居。

這裏所題的得牛，並不表示眞的尋回心牛，或體證得最高主體性；而是表示要達到這個目標所需經歷的內心的交錯矛盾以至克服這種交錯矛盾。如柴山氏所指出，見牛階段並不表示大徹大悟。主體性的覺悟的火花雖然在閃耀，但生命中的無明妄風，却不時在吹蕩，隨時可以蕩滅這微弱的火花。即是，生命還未完全純化，它的野性還在那裏，還不時爲外在的感官對象（勝境、芳叢）所吸引，而使生命向它趨附。心牛的覓得，有時好像曇花一現，瞬間又失去了蹤跡。「有時才到高原上，又入煙雲深處居」，這眞是說得好。它的意思是，有時好像達到了無心而任物、物我兩忘的絕對的去執境界（高原），轉瞬間却又沉沒在充滿分別妄執的相對的雲煙中而迷失掉。故爲了要牢牢地把住尋回的心牛，不使之再迷失，有時需要採取一些較激烈的手法，所謂「鞭撻」，以制馭生命中的雜駁不純的質素。

有一點要提出的是，序文說「頑心尚勇，野性猶存」，又說「由境勝」、「戀芳叢」，這自是就現實的牛隻而言；牠是動物，自然可說「頑心」、「野性」。但牠所象徵的心牛或佛性，則不能這樣說。因佛性是最高主體性，它「本來清淨，不受一塵」（第九圖頌之序），如何能有頑心、野性呢？實際上，這頑心、野性只能就生命自身爲無明客塵所覆，在現實上表現爲無量煩惱，心牛亡失，只能就這種脈絡說，我們對譬喻或象徵的理解，應適可而止，或點到卽止，不可過分。譬喻或象徵亦不外是方便法門而已。

五、牧牛

序：前思才起，後念相隨。由覺故以成真，在迷故而為妄。不由境有，唯自心生。鼻索牢牽，不容擬議。

頌：鞭索時時不離身，恐伊縱步入埃塵。相將牧得純和也，羈鎖無拘自逐人。

這是在生命中的迷與悟，無明與法性的相對立的要素的鬥爭階段。無明壓倒法性，則生命在迷；法性克服無明，則生命成悟。自然生命的發展，總是生起念頭，向外界趨附、執取的；原始佛教說「諸行無常」，這裏則說「前思才起，後念相隨」。修行者必須時常警覺，不要給妄念生起，不要被執著決定自己的生命方向。牧牛卽是涵養自家的心牛，使它不受念念是馳求心的影響，而「縱步入埃塵」。在這個階段，一些較爲激烈的手段還是需要的。必須時常握着鞭索，牢牢牽着牛隻的鼻索，使牠不致亂跑，猶必須時常提起警覺，不要讓已覺到的主體性或心牛再走失，不要讓它生起相對的念想，或對概念起執著。「鼻索牢牽，不容擬議」。「擬議」卽是起分別妄想，以相對的概念來分割絕對的世界、眞理。《無門關》謂：「南泉因趙州問：如何是道？泉云：平常心是道。州云：還可趣向否？泉云：擬向卽乖。」⑫「擬向」卽是「擬議」，是一種概念的思維。用概念思維來理解，是一個曲折的歷程，自然未能直下體證那純一無二的絕對的眞理。

頌的後二句「相將牧得純和也，羈鎖無拘自逐人」，顯示了在這個無明與法性的鬥爭中，修行者終於以法性戰勝無明的消息。到了這個地步，牛隻已馴服了，牠自在地跟隨着牧者，後者也不必再用羈鎖一類制馭的工具了。在修行上，這表示生命經過一番努力，已漸漸純化，無明客塵已經不再爲患，法性的光明已顯露，不必再擔心心牛會走失了。

六、騎牛歸家

序：干戈已罷，得失還空。唱樵子之村歌，吹兒童之野曲；身橫牛上，目視雲霄，呼喚不回，撈籠不住。

頌：騎牛迤邐欲還家，羌笛聲聲送晚霞，

一拍一歌無限意，知音何必鼓唇牙？

這是接上一頌特別是「相將牧得純和也，羈鎖無拘自逐人」句而來。修行者基本上已完成任務，尋回忘失的心牛或最高主體性，內心感到無比的輕鬆與喜悅，有旁若無人之態，所謂「呼喚不回，撈籠不住」。這時修行者已無得失之心，欲得的已經得到，亦沒有感到已得的會再而復失，縱步回向塵埃方面的恐懼；因此沒有要得到甚麼的念頭，也沒有會失去甚麼的恐懼，因而超越或克服了得失的相對意識。這種意識必須泯除，身心才能有自由無礙的感覺。

這裏有一個重要的問題，必須提出。經過牧牛階段的對牛的駕馭與對自然生命的純化，到騎牛歸家的對得失的相對念慮的泯除，此時是否還有主觀與客觀的對待相，或尋牛者與被尋的心牛的相對分別呢？主觀與客觀、牧者與心牛，是否已融合無間，而成一體呢？對於這個問題，柴山全慶的回應是正面的樂觀的。他以爲這騎牛歸家已表示「忘却了是非得失，而臻於唯一的眞實境界，沒有牛上人，也沒有人下牛，人牛無相，而歸於本分的家鄉，兩兩相照，而入一如之境」⑬。他又強調這是「人牛一如」、「理三昧」的境地⑭。若眞是這樣，則應沒有了人牛的分別，沒有人也沒有牛，而純是一夐然絕待的絕對的境地。但緊跟着却是忘牛存人的階段，還有「存人」，再後才是沒有人也沒有牛的「人牛俱忘」的境地，這又應作何解釋呢？我們以爲，柴山氏以無人無牛、人牛一如來說這騎牛歸家階段，有說得太快之嫌。從實踐方面言，由尋回心牛，到克服使心牛迷失的無明客塵，以定住心牛，到最後把心牛與牧者或修行者統一起來，同一起來，以臻於無人無牛、人牛一如的人牛俱忘的境地，是需要涵養工夫的，這是一漸進的程序，不是能頓然成就的。而且，如下文所示，中間又牽涉一方便的問題。十牛圖頌的由騎牛歸家經忘牛存人到人牛俱忘，正表示這是一個涵養心牛、純化生命的漸進程序。這點對判斷廓庵十牛圖頌的根本性格來說，非常重要。關於這點，這裏暫不多及，待我們最後作總的反思時再討論。

七、忘牛存人

序：法無二法，牛且為宗。喻蹄兎之異名，顯筌魚之差別。如金出鑛，似月離雲。一道寒光，威音劫外。

頌：騎牛已得到家山，牛也空兮人也閑，
紅日三竿猶作夢，鞭繩空頓草堂間。

這階段主要是說作爲方便法門或權宜應用的東西，當目的已達，便可捨去，我們不應執取這些東西。雖然序與頌都沒有提到「方便」的字眼，實際上是強調這個意思。在此之前，牛喻心牛，是已迷失的主體性；人則喻修行者。修行者與主體性其實是一，修行者的本質卽是其主體性。這卽是「法無二法」。但這是就終極義言。在實踐上，由於主體性在現實上迷失了自己，故以牛的走失來作譬。尋牛與得牛卽喻尋索與重新覺悟此迷失了的主體性也。在這點上，牛有方便（expediency）的意義，這卽是「牛且爲宗」之意。「且」是姑且、權宜意，不是眞實也。主體性是目標，是月；牛是方便，是指。這與兎、魚是目標，是我們要捕獲的，蹄、筌則是工具，是我們爲了達致目標而施設的方便的這種關係相若。在這個脈絡下，「忘牛存人」顯然是指目標已達，方便可以捨去之意。再就更切近的事例層面言，牛有野性，不易完全馴服，故有時需取激烈手段，運用鞭繩，加以制馭。到馴服牛的目的達到後，作爲工具的鞭繩亦可捨棄，而「空頓草堂間」。這亦是方便可以捨棄之意。不過，如上文所言，這個譬喻只應有限度來了解。現實的牛有野性，有無明客塵，但取譬的心牛、佛性或主體性則是「本來淸淨，不受一塵」，不能說野性或無明客塵也。

作爲方便的牛捨棄掉，則餘下的便只有那一往是明覺寂照的最高主體性，它的自在無礙的表現，如純金脫鑛，如明月離雲，其智慧的光輝，直下穿過現實的層層障蔽，透向那超越時間（刼）限制的絕待境域。這便是忘牛存人，人卽最高主體性也。

對於這個階段的涵義，柴山全慶與久松眞一略有不同的理解。他們都強調人牛一體無間這一點，這殆是重視「法無二法」這一命題所致。他們都未有強調我們所說的方便的意思。柴山氏解釋「忘牛存人」爲「回歸到本覺無相的家鄉而把牛忘却的主人公」，和「自覺到人牛等位、主客一如妙旨的主體」⑮。久松氏則提出本當之自己卽是牛，故失去的牛與失去的人決非二物⑯。不過，倘若是這樣，何以這個階段的標題作「忘牛存人」，而不作「人牛一如」呢？或如下一階段的「人牛俱忘」呢？此中顯然還有一漸進的歷程，這卽是捨方便而入眞實、實相。實際上，柴山氏與久松氏對自己的解釋，都透露出不完全滿意的心聲，或覺察到自己的解釋與題義不符順。如柴山氏表示，這裏的標題是「忘牛存人」，但嚴格來說，並不適當⑰。久松氏稍後也表示，在這階段，人與牛仍未臻完全一體⑱。我們以爲，倘若以強調方便及其捨棄一點來理解，便不會有與標題不符順之處。

八、人牛俱忘

序：凡情脫落，聖意皆空。有佛處不用遨遊，無佛處急須走過。兩頭不著，千眼難窺，百鳥啣華，一場懡㦬。

頌：鞭索人牛盡屬空，碧天遼濶信難通，
紅爐焰上爭容雪？到此方能合祖宗。

這是順着上一階段的忘牛存人而來。作爲方便的牛捨掉，只餘一夐然絕待的超越的最高主體性。對於這主體性，人亦可於不覺之間起執，執著它，以爲有自性可得。這是覺悟得解脫的大忌。故在這一階段，連主體性自身也要泯除。這當然不是斷滅論，而是對作爲覺者的主體性不起執而已。此中既無所覺，亦無能覺，而是澄明一片。這才是眞正的覺悟。

禪一直強調無執、無心。無執是對物事的自性不執著；無心是對物事不起分別意識，不以相對的眼光來看物事，因而能把得其絕對性格的眞相。這人牛俱忘，便是無執、無心的精神境界的恰當表示。在這種精神境界中，修行者固不對凡情的東西起分別心，而執取；亦不對神聖的東西（如空理、涅槃、佛之類）有特別的欣羨之情。因爲此情一起，便會有厭凡欣聖的傾向，心靈便會分裂爲二面：一面是厭凡，一面是欣聖，因而它的統一的一體狀態便不能保持，這不是眞正的覺悟的境地。因而說「凡情脫落，聖意皆空」；有佛無佛的分別想，亦一併打落。因一有此分別想，便把佛推向外面，謂何處有佛，何處無佛，而不知佛的根源，畢竟在自家的生命中。把佛推向外面，無異是佛性、心牛的迷失。故有佛無佛的分別想最後亦要打掉，而成「兩頭不著」：不執著於有佛，亦不執著於無佛。唯其能兩頭不著，佛性、心牛才在其中，此中妙義，不易理解，故云「千眼難窺」。

禪的傳統，一直強調其旨趣是教外別傳，不立文字，直指本心，見性成佛[19]。這就個人的修習而言，自然可以說是禪的宗旨。此中所說的本心或人心，當是指那無「心」的、無分別念慮的心；它是整全的，不是破裂形態的。而性或佛性，亦是指那衆生普遍地本自具足的超越的成佛的潛能或性格；它是內在於衆生的生命中的，而不能推出而置於外的。而此心也卽是此佛性；卽是，佛性要在心中求，心外無佛性。在這種理解下，頌中所謂「紅爐焰上爭容雪？到此方能合祖宗」，也很順理成章。覺者的智慧的火爐，是不能容納任何分別執的雪花，哪管是細微如凡聖的分別執，或是由對聖者的境界的欣羨而起的執取。修行者必須達到這個地步，才能眞正契合歷代祖師的覺悟的旨趣。

對於人牛俱忘，柴山全慶的解釋是這樣。他說忘牛存人表示聖位的境界；在這境界中，有主體存在，它自覺到人牛一如。人牛俱忘則否定了聖位，顯示格外超脫的境地，這是眞禪的所在[20]。這「格外超脫」，顯然是指同時超越了主觀與客觀、凡與聖，以至有佛與無佛的「泯絕無寄」的精神狀態[21]。久松眞一更強調在這階段中的人牛完全一體的狀態；此中既無凡情與聖意的分別，亦無人與佛的分別。他由這第八圖所顯示的無人、無牛、也無鞭索，而唯是一一無所有的圓相，而說這是「無相之相」。他用很多詞彙來描述這境界，如「本當之物我相忘」、「根源的空」、「無一物」、「絕對無」㉒。按這些詞彙都是久松眞一在其京都學派的思想脈絡下提出的。以「本當之物我相忘」、「根源的空」、「無一物」和「絕對無」來說這泯絕無寄的第八圖的境界，很是恰當，很能顯示「本來無一物」（慧能偈語）的灑落情調；但說這是「無相之相」，便似有商榷處。按這無相之相本來是般若系的思路；面對世間種種現象，知其爲緣起而無自性，因而不起取著，這是「無相」；雖不取著，亦不撤消，而任其自在變化，表現種種相狀、姿態，這是「相」。因而是無相之相㉓。這牽涉到對世間的積極的、正面的態度，其涵義實超過人牛俱忘的泯絕無寄性也。本文以下的部份，即會討論這個問題。

三、禪的終極關懷

修行者達到第八圖的人牛俱忘的境界，就修行者的精神狀態的不斷進昇而言，可說已達極峯了，無路可再前進了。泯絕無寄，還有甚麼可再推進呢？這眞是宗門中人所雅言的「言語道斷，心行路絕」的境界。不過，我們可換一個角度來看這個問題。修行者到達精神境界的極峰，不再向前看，抑亦無可再看，却是回頭看，看看這個塵俗的世界，衆生還是生活於苦痛煩惱中，爲各種虛妄執著與顚倒想所困擾，在輪迴的圈子中打滾。這時，他會怎樣想呢？他會怎樣做呢？他是掉頭不顧，享受那種泯絕無寄的清幽的樂趣，抑是回向到塵俗的世間，與衆生共苦難，而俟機幫助他們，轉化他們，使熄滅苦痛煩惱，脫離輪迴而得解脫呢？這便是對世間的態度問題。

禪雖標榜教外別傳，不立文字，但那只是就方法學上立說而已，並不能也無意脫離佛教，特別是大乘佛教。即是說，它要在達致覺悟得解脫這一目標所採的方法上有所突破，提出不依賴文字言語，而直證心源（心即是本源，非心之外別有本源）。它要在言教（以言說文字來表示的教理）之外，別立一超越言教的覺悟方法，直接證顯生命的眞性、佛性、主體性，所謂「直指見性」（直指人心，見性成佛）。它的不同，「別傳」，只是這點而已。在基本立場上，它還是緣起性空那個立場，在對世間的態度上，它還是不捨世間那個態度。這不捨世間是大乘佛教的特色㉔。在這些關要的點方面，它不能遠離佛教，特別是大乘佛教。

關於這點，其實也不難理解。一個修行者達致覺悟的境界，泯絕無寄，在孤峯頂上，目視雲霄，自然會有一種不食人間煙火的脫俗的美感與滿足感。但孤峯頂上高處不勝寒，也會使人感到淒涼寂寞，這顯然不是生命的圓實（圓滿而眞實）的境界㉕。抛離九界的衆生，故爲不圓（滿）；不沾現實的世間，故爲不實。故在孤峯頂上的聖者，畢竟還是要不捨世間，要回向世間，化度衆生，才能談圓實的教法，才能臻圓實的境界。所謂終極關懷，便是基於這種圓實目標，回向世間，到十字街頭去化度衆生㉖。

這裏要對終極關懷（ultimate concern）一點，作些解釋。按這詞是由德國神學家田立克（Paul Tillich）提出，作爲界定宗教的本質的要素，亦視之爲宗教的定義。田立克說：

> 宗教是爲一種終極關懷所緊抱的狀態；這種關懷使其他所有的關懷成爲準備［階段］的，它自身包含有關我們的生命意義的問題的答案。因此，這種關懷是無條件地誠懇的，它顯示一種意願：要犧牲與這種關懷衝突的任何有限的關懷。㉗

這種就終極關懷來說宗教的說法，很有說服力，在西方宗教界神學界也有一定的影響力。在這種理解下，宗教顯然不能離開對人的生命存在的意義與目標一類問題的回應。有一點要注意的是，田立克說終極關懷，並未有特別指涉到對世間的態度立說，即是說，他並未有特別強調出世（unworldliness）或入世（worldliness）。我們這裏承認宗教脫離不了終極關懷，它必須對人生的意義與目標的問題作出回應。我們要補充的是，這種人生的意義與目標，可以在出世方面建立，也可以在入世方面建立。在禪來說，它是屬於後者的。禪即在這種義理的脈絡下，表現和重視現世情懷（worldly concern）。而廓庵的十牛圖頌亦在這種脈絡下，繼續由第八圖頌的人牛俱忘，發展出第九圖頌的返本還源，而終於第十圖頌的入鄽垂手。以下我們即繼續討論這兩個圖頌。

九、返本還源

序：本來清淨，不受一塵。觀有相之榮枯，處無為之凝寂；不同幻化，豈假修治，水綠山青，坐觀成敗。

頌：返本還源已費功，爭如直下若盲聾，
庵中不見庵前物，水自茫茫花自紅。

這是回向世間，到十字街頭去應化衆生前的準備階段。修行者重新覺悟自家的主體性，不再對這主體性起分別執著，這無異是重新樹立主體性，要在日用中顯示它的能動性。即是說，主體性要外用了；但外用並不會迷失，主體性離開自己，却又能常在其自己，常在其本源之位，這便是「返本還源」。爲甚麼會是這樣呢？因爲主體性是「本來清淨，不受一塵」，它自由無礙，在塵俗的世界中運作，却不爲塵俗所汚，它如「泥中的蓮花」，或「火中的蓮花」，永遠能放射出智慧的光輝。不管世界如何變幻無常，如何有榮枯的不同，它總是能保住自己，內心維持平穩狀態，而爲「無爲」，而爲「凝寂」。這種狀態有其眞實飽滿義，不是如幻如化；亦出之以自然，不假人爲造作，所謂「修治」。這是三昧(samādhi)的境界。以這三昧的心境來看世界，則能還世界的本來面目，讓它隨順緣起正理發展開來；緣聚則成，緣散則敗。「水綠山靑，坐觀成敗」。這裏是用不上強制之力的。

「庵中不見庵前物，水自茫茫花自紅」句不止文字優美，也很有哲學的涵義，宗教境界很高。它的意思不是對現象界的東西不理不睬，如盲作聾，而是不把它們對象化，不把它們界定於一個相對的格局中，卽是，讓庵前的水自在地茫茫泛漾，花自在地展露紅顏，還它們一個本來的面目。這裏實表現一種無執的觀照的妙用。

對於這個階段，柴山全慶視之爲「靜的妙用」、「受動的妙用」㉘。後者是對第十圖頌的「能動的妙用」而言。他的意思是，主體性是在起動了，但還有一個歷程，由受動到能動，由初動到全動。久松眞一對於「本來淸淨，不受一塵」的主體，稱爲「無的主體」，認爲這種主體性卽使是在萬動之中，亦不會失去本來的樣相、性格。無論它在任何處所，也不會爲任何東西所囿，所染，它是完全自由自在的；它是變化中的常住者，生滅中的不生不滅者。他也以「妙用」來形容這主體性的能動的運作㉙。我們以爲，在這個階段的主體性，當然有作動的準備或傾向，但似未眞正起動，其用仍未在世間中顯現，故說「妙用」云云，似乎快了一些。眞正的起動與起用，要在第十圖頌的入鄽垂手才能說。此中才有眞正影響世間，轉化世間的大用。

十、入鄽垂手

序：柴門獨掩，千聖不知。埋自己之風光，負前賢之途轍。提瓢入市，策杖還家，酒肆魚行，化令成佛。

頌：露胸跣足入鄽來，抹土塗灰笑滿顋，
不用神仙真秘訣，直教枯木放花開。

這裏亟顯示禪的終極關懷，不在那個人牛俱忘的泯絕無寄的一圓相，却是本着不捨世間的大悲弘願，返回塵俗的市鄽世間，以自家的覺悟經驗與智慧，教化頑劣的衆生，使能了脫生死，同臻悟境。「酒肆魚行，化令成佛」正顯示在十字街頭的煩囂處所進行化度的工夫。這是極端艱難的工作，也很需要耐性；因衆生迷執業重，不易轉化，難露覺悟之生機，猶枯木之將死也。「抹土塗灰」表示艱難，「直教枯木放花開」表示忍耐與慈悲能帶來不可思議的殊勝結果。在這個轉化的途程中，修行者總是任勞任怨，內心喜悅，總是「笑滿顋」。而且這種工作的進行，需不露形跡，以平常身爲之，在平凡中表現不平凡的事業。「露胸跣足」，「提瓢入市，策杖還家」都表示平常身的姿態。「埋自己之風光」表示不露聖者的身份，以免他人有隔離之感也。這隔離之感自基於聖凡的分別而來。

宗門中人喜言「游戲三昧」。這游戲三昧不能只在人牛俱忘的一圓相中說。在孤峰頂上游戲三昧，只能孤芳自賞而已。「獨樂樂，不若與衆樂」。三昧是禪定的境界，基本上自是泯絕無寄，亦要在利他、發用中表現，才有積極意義㉚。眞正的游戲三昧處，當在這入鄽的「鄽」中，在「酒肆魚行」中；三昧要在游戲人間的種種方便運用中，才能發揮其光明與智慧。即是說，游戲三昧是與塵俗世間不離的、充滿動感的，在動感中無礙自在地運用種種方便法門，應機而用，以轉化衆生，所謂「大機大用」。只有在這個脈絡下，才能說眞正的禪機。在泯絕無寄處，只能說禪趣，不能說禪機也[31]。關於游戲三昧，無門慧開說得實在好：

> 逢佛殺佛，逢祖殺祖，於生死岸頭，得大自在，向六道四生中，游戲三昧。[32]

六道、四生都是指輪迴的塵俗的世間。祖師運用其大機大用法門，開示迷妄的衆生，即使是對權威如佛、祖的執著，亦要打落。以三昧的定力，自在游戲地在混濁的衆生界中起機用，使衆生轉迷成悟，是眞游戲三昧也。

對於入鄽垂手這一圖頌，久松眞一有很有趣的發揮與很高的評價。他以爲這個階段的表現，是以上一階段的返本還源的無礙自在的動力爲基礎，而進入歷史的世界中，使人覺悟其本來的自己，此中涵有很濃厚的慈悲與愛的性格[33]。對於序文，他尤其欣賞。他解釋說：

> 這是最高涵義的和光同塵、灰頭土面的菩薩行，是遊戲於煩惱生死的世界的佛道。此中顯示出兩個方向。其一是直接走進歷史的世界中去，驅除種種式式的現實的苦惱，而創造與實踐一個溫厚正確的歷史的世界。另外一點是，要促使構成歷史的世界的全體人群覺悟到其本來的自己。這兩面是同樣重要的，缺一不可。[34]

久松的解釋，表面看來，似乎有點渲染；尤其是他強調「歷史的世界」一點，使人有詫異新鮮之感。至於說要促使全人類覺悟其本來的自己，則較爲順適。這些點都與他自己的京都學派對禪的本質的理解有關，特別是直接涉及他所領導的FAS協會的宗教運動的宗旨。這個協會是日本的宗教組織，它有一個宗教理想：以禪的「無相的自我」爲基礎，而展開一套新的理想社會與理想歷史。這個宗教理想以三個字母來表示：F是Formless Self，是無相之自我；A是All Mankind，表示全人類；S是Supra-historically，是超越地創造歷史之意。其全部的意思是，以無相的自我爲基本的主體，在空間上推廣到全人類，在時間上創造歷史，而又超越歷史。F是主體，AS是活動。前者表示眞實的自覺，後者表示它落實於時空中，不是抽象的主體，而是有具體的充實飽滿的涵義㉟。久松顯然是以這樣的宗教理想來解釋入鄽垂手，而予以崇高的評價。實際上，十牛圖頌以至禪是否具有FAS這種豐富的宗教內涵，是可討論的，我們這裏暫不管它。不過，久松以「游戲於煩惱生死的世間的佛道」來說入鄽垂手，則亦在說遊戲三昧的問題，這則無可疑。

四、釋勒爾論基督教的愛的啓示

廓庵的牧牛圖頌的最後的入鄽垂手中的「垂手」一詞，很有意思。這表示一種謙卑（不是委屈）的態度。以謙讓的心態與卑微的身份來到塵俗的世間行渡生事，便是入鄽垂手。這「垂手」較諸大乘佛教所強調的慈悲，更有深微的意味。慈（maitrī）是把快樂給與衆生，悲（karuṇā）則是拔除衆生的苦惱。這當然很有入世的意味。但當事人的謙卑忍讓的襟懷，並未顯示出來。垂手則很能顯示這種襟懷，故意味更爲深長。

以垂手的態度來渡化或教化他人，實不限於禪門。在釋迦的本生（Jātaka）故事中，便常提及釋迦前身曾以種種謙卑的身份去教化和幫助衆生，使之得悟和脫離苦難。清末的武訓以求乞的方式來興辦教育，亦是此一表面平凡實是偉大的行徑。魯迅詩作「橫眉冷對千夫指，俯首甘爲孺子牛」的後一句，便很有垂手的意味。

德國的現象學怪傑釋勒爾（Max Scheler）寫有《妬恨》（*Ressentiment*）㊱一書，論到基督教的愛，很能與此處的垂手所表示的精神相比較，也很有啓發性。以下我們卽概略地介紹一下釋勒爾的這個說法，俾能與垂手相對比，這有助於我們對垂手作進一步的了解。

"Ressentiment"這個法文字含義很豐富，它自然有妬恨之意，但不止於此。一個人由於自身的無能（impotent），給他人比了下去，而生一種妬恨的心理，要想報復。但由於自身的能力不如人，不能在行動上報復，只能在心理方面作工夫，生起種種顚倒想，把正面價值的東西，視爲負面價值的；把負面價值的東西，視爲正面價值的。這種由無能而生妬恨，因而在心理上生起價值的顚倒，達至一廂情願的滿足感，以爲自己勝過他人，這整個心理變化歷程，便是Ressentiment的涵義。

在這本題爲「妬恨」的書中，釋勒爾花了很多篇幅來談愛（love）的問題。他基本上是透過愛的概念來論基督教的，而這愛的概念，也實是基督教的宗教與道德的核心。爲了突出基督教的愛的概念，它將之與前基督教的愛（pre-Christian love）與後基督教的愛（post-Christian love）作一比觀。首先他比較基督教的愛與前基督教的愛。他指出，此中的分別在於展示愛的導向（direction）的不同。卽是，基督教的愛的導向是神對人的謙卑傴僂（stoop down），而前基督教的愛的導向則是人對神的向上欣羡（aspire）。至於基督教的愛與後基督教的愛的不同，則是基督教的愛完全不涉妬恨在內，而後基督教的愛則源於妬恨。

以下我們細看釋勒爾論前基督教的愛。這主要指希臘人所顯示的那種愛。釋勒爾以爲，所有希臘人都認同愛是一種由低層次到高層次、由無形相到有形相的欣羡。宇宙是一個巨大的由存在所成的形相的串鏈，由基層的物質到人，再由人到神。在這個串鏈中，總是存在着一種單方向的由低層次到高層次的欣羨趨附。低層次的東西總是向高層次的東西趨附，爲後者所吸引，而後者從不回轉過來，却又總是向在它上位的東西趨附。這個串鏈的終點，便是神，它是完全無所欣羨的。它代表着一個永恆地不動的和聯結的目標，是這些愛的趨附的目標㊲。

爲甚麼低層次的東西總是欣慕或愛那高層次的東西呢？釋勒爾認爲，這是由於希臘人視低層次的東西與感覺相連，而高層次的東西與理性相連之故。對於感覺來說，理性是較有價值的和自足的。希臘人以愛是感官的事，它指向願望與需要，等等，即是向較有價值的東西企盼，希望能分享它。因此，低層次的東西愛高層次的東西，是很自然的事㊳。

很明顯地看到，希臘人是把愛降到感性的和經驗的層面。基督教則不同，它視愛爲一種非感性而是精神性的活動。這種愛不依於理性，却是理性的基礎，它是先在於理性的㊴。釋勒爾特別強調愛超乎理性的那種優越性。它把愛之源歸於神，且更把愛與神等同起來㊵。實際上，這樣來說愛，是視之爲最高善（highest good）了。根據釋勒爾的說法，基督徒是拒斥希臘人視愛爲由低層次到高層次的趨附欣羨的說法的。反之，他們眼中的愛，是高層次對低層次的謙卑傴僂表現。這是一個下降的歷程；只有這樣，基督徒才能體證最高善和與神同等㊶。

就神的角度來說，它不是一個爲一切物類所愛的永恆不動體。反之，祂的本質，便是愛與服役。「神自發地下降到人間中來，而成爲一個僕人，在十字架上經驗一個惡劣的僕役的死亡」㊷。這自然是指神的道成肉身（incarnation）而成爲耶穌和他的救贖，爲世人贖罪而犧牲生命與寶血而言。釋勒爾以爲，神基於無限的愛而創造世界，抑亦展示祂的具有巨大源泉的愛㊸。釋勒爾的論點顯然是，基督教的愛是一種自我拋棄和施與的行爲。因此，在上層者謙卑地垂愛在下層者，是很自然的事。這上下層之分，自然是就能力、地位、德性諸方面言。

至於後基督教的愛，釋勒爾戲稱之爲「人道主義的愛」(humanitarian love)。這種愛的表現，亦是謙卑地向下傴僂，像基督教的愛那樣。不過，兩者的出發點很不同。基督徒的謙卑傴僂，是來自對他人的眞正的愛，引導他們達致一個正面的價值理境；後基督教的愛，則源於妬恨的心理，有一種由自身逃避開來的意圖。釋勒爾特別強調，這種愛由對自我的憎恨所引發，憎恨自己的脆弱和苦痛的處境。人們謙卑地傴僂，幫助他人，爲的只是要在從事他人的事務中忘記自己的存在而已㊹。這實是一種虛假的愛。

釋勒爾更進一步強調，要深入了解基督教的愛，必須指涉神的王國(kingdom of God)。他意識到基督教是一個宗教，因此，一個精神性的領域是需要建立起來的。在這個領域中的對象、內涵和價值，必須超越感官層面以至於生命的整個層面。這領域便是耶穌所謂的「神的王國」㊺。釋勒爾以爲，倘若愛要維持它的本分的意義，它必須與這神的王國緊密地連繫着。他說：

> 不管愛和基於它而成立的教會在社團的世俗形式中如何運作，不管它如何充足地延續我們的物質性的福利，使我們解除苦痛，產生快樂——這一切的一切，必須這些社團和鞏固它們的愛的力量植根於和歸向於「神的王國」，才有價值。㊻

釋勒爾的意思很清楚，眞正的愛，或有價值的愛，必須要是宗教性的，它不能與神的王國區分開來。

由以上的討論，我們可關連着愛的問題，把釋勒爾的宗教的本質或他心目中的眞正的宗教是甚麼樣子，陳述出來：

一、他對於基督教的愛，有很高的評價，視之爲由高層到低層的謙卑傴僂。基督教的神（耶穌）謙卑傴僂下來，作人們的僕役，爲的是要展現這種愛。

二、他視基督教的神的王國爲一個崇高的存在的層面，一切的一切都植根於這個層面，才有意義；人也要在其間才能找到他的生命存在的終極的意義與價值[47]。

三、他抨擊現代的所謂「人道主義的愛」的價值，認爲這種愛並不眞正建立於對他人的救贖活動中，因而與神的王國無緣[48]。

由這些點，我們可以理解到釋勒爾心目中的理想的宗教，是對世間與他人有深切關懷的；他的理想的神，不能停駐於超離的層面，不食人間煙火，對世間掉頭不顧。却是應該主動地謙卑傴僂下來，與現象世間結合起來，渡化他人，使得解脫。在這個脈絡下，我們同意諾特（J. Nota）所提出的論點：內在性（immanence）與超離性（transcendence）並不互相排斥，而可相互包涵[49]。卽是，超離的神下降到世間，拯救世人，使之都內在地具有神的高貴品性。

關於釋勒爾論基督教的愛的問題說到這裏。以下我們就基督教與禪特別是十牛圖頌所顯示的現世關懷的方式，比較一下。基督教與禪是截然相異的兩種宗教，這是不必多說的。禪沒有那獨尊的一神觀念，却強調人人本具的佛心禪性。不過，就目前我們的比較的需要來說，我們可以把基督教這些特有的因素抛開，而只注目於它所說的愛的表現形式與現世關懷。在這個脈絡下，我們可以說，一個已經得道的人或聖者（耶穌），謙卑地傴僂到世間來，擔當一個僕役的角色，爲世人傳播宗教的（或覺悟的、得道的）福音，最後並自願上十字架，犧牲自己的寶血與生命，爲世人贖罪，作一只代罪的羔羊。此中當然還有道成肉身和復活（resurrection）的故事，這些我們暫不管它。此中要注目的是，聖者爲了解救他人，不惜用盡種種謙卑傴僂的做法，這顯然是發自他愛世人的心願，而展示出極其濃烈的現世關懷。釋勒爾書中用 stoop down 一詞來敍述聖者的做法。這詞有意思得很，筆者手頭無德文原本，因而無從查考釋勒爾的德文原著所用的字眼。就英語 stoop down 而言，它有屈身、傴僂、降格、卑屈、俯首等涵義。從宗教的角度來說，這有由精神或修行境界高的處所傴僂而下，俯首爲惡濁的世間服役的意思；此中自有一個宗教的任務在裏頭。這個意思，正是廓庵的牧牛圖頌中的入鄽垂手所要表示的。stoop down 與垂手，其意義何其相似！兩者的對象，都是頑劣的衆生，兩者都要敎化他們，使他們離苦得樂，離罪得恩典；其終極關懷都建立在濃烈而深厚的現世情懷方面。釋勒爾論基督敎的愛，對我們了解廓庵的牧牛圖頌的宗旨，實在提供很好的參照與啓示。

要注意的是，釋勒爾所說的基督敎的愛，只可與廓庵的牧牛圖頌中的第九圖返本還源特別是第十圖入鄽垂手相提並論。至於前八圖的實踐涵義，在基督敎的愛中，不易找到相似的或可相比較的說法。這實踐涵義，無寧與釋勒爾所論的前基督敎的愛較爲接近。如上所述，這前基督敎的愛主要是指希臘人所顯示的由低層次或感性層次向高層次或理性層次欣羡與企盼。很明顯，這是受了柏拉圖（Plato）哲學的影響。柏拉圖把世界區分爲兩個領域：表象（appearances）與理念（理型，ideas）。表象是感性的、經驗的，是形而下的；理念則是理性的、超越的，是形而上的。表象世界的一切東西，都是理念世界中的理念或理型的做製品。表象世界永不完滿，只有理念或理型才能說完滿。由於這個區別，表象方面總是向理念方面欣羡、企盼、倣傚，務求趨於超越的完滿。這種導向（orientation），與十牛圖中前八圖最初由忘失心牛到尋回心牛的實踐，最後臻於一種超越形態的人牛雙忘境界的導向，有些相似之處。不過，這個比較很難做得好，為免引起誤導，我們這裏點到即止，不擬多論這個問題。

五、總的反思

以下我們要對廓庵的十牛圖頌在禪的思想與實踐方面作一總的反思，以衡定它應有的位置。

關於禪的思想與實踐，基本上不出南北二宗的分歧。這兩宗當然都各有其在禪以至禪之外的佛教教理的淵源。這裏我們同時談論思想與實踐的問題。南宗禪與北宗禪在思想上的異趣，仍不能離那兩首在《壇經》出現的神秀偈與慧能偈的分殊。這裏我們先把這兩首著名的偈頌列出，然後分析它們在思想上的不同點[50]。

神秀偈：身是菩提樹，心如明鏡台；
時時勤拂拭，勿使惹塵埃。[51]

慧能偈：菩提本無樹，明鏡亦非台；
本來無一物，何處惹塵埃？[52]

神秀偈的思路很清楚。他是把心視如明鏡，本來清淨，猶明鏡本來明亮，兩者都能照見萬法。但它們亦可以不能照明的，那是由於為外界的塵埃所熏染之故。這裏的思路，是透過一超越的分解（transzendentale Analytik）[53]的方式，把清淨的心體從經驗的染污的東西分離開來，超越地置定在那裏，視之爲成覺悟得解脫以至成佛的超越根據。這清淨心既是成佛的超越根據，則在實踐或修行上便很易說。卽是，在實際的生活上，要盡量保住這心體的清淨性，使它的光明、智慧能透露出，不要由它被外在的染污的成素所熏染便成。故要時常察看這心體，所謂「看心」、「看淨」，一見有客塵煩惱熏染它，便要將之抹去，「時時勤拂拭」也。

這個透過超越的分解而置定起來的清淨心，在佛教思想的發展中，很有其淵源。這卽是我們在本文第二節論禪的實踐所提到的《勝鬘夫人經》的如來藏自性清淨心的傳統，達摩禪的「眞性」觀念，與此也有密切的關連。而達摩所宗的《楞伽經》(*Lankāvatāra - sūtra*)，強調自性清淨的如來藏，也是這個傳統的思路[54]。

這是神秀所開出的北宗禪的基本性格。至於實踐方面，它教人不停守着這清淨心，不要使它忘失，也不要由它爲外界的染污因素所障蔽，要視之如明鏡般，「時時勤拂拭」，日久有功，它的光明便會充量顯露，智慧便能充量開發，便得覺悟而成佛。這顯然是一漸進的歷程，是「漸悟」的方式。

慧能偈所顯示的思路則殊爲不同。這當然也是說心的問題，不過，它並未有把心譬作明鏡。這有兩個意思：慧能未有把心視爲必然清淨；他也未有把它對象化爲明鏡。這表示，他未有採取一超越的分解的方式，把超越的心體從凡塵雜染區分開來，而置定在那裏，要我們去確認它、守住它，「時時勤拂拭」它，使不受染污。他却只說「本來無一物」。這句說話很堪玩味。它的意思是不在形而上方面設定任何東西（物），包括清淨的心體在內。一切只在具體的生活情境、具體的生活運作中見。卽是說，自性或佛性的智慧，只在具體的作用中顯現；有作用，智慧便起，沒有作用，智慧便寂。智慧是與作用同起同寂的。此中不必預設一超越的心體，作爲智慧的本源。「本來無一物」也。

這是慧能所開出的南宗禪的基本性格。它的思想淵源，很明顯地是承接般若一路數的。《般若經》(*Prajñāpāramitā-sūtra*)系統的思路，基本上是要在具體的生活情境中，表現不捨不著的妙用。諸法和諸行是世間法，不必採虛無主義的態度而捨棄之；諸法和諸行同時也是緣起性格，無自性可得，故不必對之起取著。這便是不捨不著。般若（prajñā）的智慧卽在這不捨不著中顯現。《般若經》的重點在智慧的妙用方面，不在作爲智慧之源的心體方面，故這些文獻少談佛性或清淨心的問題，亦未有依超越的分解的方式置定一清淨心在那裏，視爲常住不變。般若智慧云云，必須要在妙用中隨機顯現[55]。慧能的南宗禪卽承接了這一思想傳統。《壇經》便很受般若思想的影響，其中卽有般若品，展示它與般若思想有密切的關連。以下且抄引一些文字以證明這點：

世人妙性本空，無有一法可得。[56]

去來自由，心體無滯，卽是般若。[57]

於一切法不取不捨，卽是見性成佛道。[58]

內外不住，去來自由，能除執心，通達無礙。能修此行，與般若經本無差異。[59]

就實踐來說，這種般若智慧的不捨不著的妙用，是一種當下的頓然的反應，不能附有任何思維擬議在內，不經階段，也無方便可言，故是「頓悟」。

以下我們卽就禪的南北宗、南頓北漸的思想與實踐的背景對廓庵的十牛圖頌進行反思。我們的論點可總結如下：

一、由序文的「諸佛眞源，衆生本有。因迷也沉淪三界，因悟也頓出四生」及第九圖頌返本還源序文的「本來清淨，不受一塵」，明顯地展示出這是清淨心的思路。「本來清淨，不受一塵」直接與神秀偈以清淨心喩明鏡台一意相應。而牧牛圖頌的主題心牛，顯然是指那本來具足的清淨心或最高主體性。

二、在實踐上，十牛圖頌的漸教形態非常明顯。這可從它亟亟強調方便（權）的運用與悟道的階段或歷程中看到。第二見跡圖頌序文謂「依經解義，閱教知蹤」，顯示要以經文的義理爲輔助，藉以了悟最高消息。這樣，經教卽成工具、方便。故下文卽提出「權」一義，「未入斯門，權爲見跡」也。又第三見牛圖頌序強調「從聲得入」，聲亦是權、方便的運用。第四得牛圖頌序文「欲得純和，必加鞭撻」、第五牧牛圖頌序文「鼻索牢牽，不容擬議」，都表示在純化生命的雜染中所運用的方便法門。在解釋第六騎牛歸家圖頌時，我們在上面提到，由尋回心牛，到克服使心牛迷失的無明客塵，以定住心牛，到最後把心牛與牧者或修行者統一起來，同一起來，以臻於無人無牛、人牛一如的人牛俱忘的境地，是需要涵養工夫的，這是一漸進的程序，不是能頓然成就的。這裏所顯示的漸悟的色彩，非常濃厚。又到第七忘牛存人圖頌的序文，更明言「牛」的擬設，實亦方便權法而已，所謂「牛且爲宗」。道理明白了，所擬設的牛亦可消去，「忘牛」也。而到了這個階段，還要「忘牛存人」，而不直說「人牛一如」或「人牛俱忘」，卽顯示此中還有一漸進的歷程，教人捨方便而入眞實、實相。最後，從第九返本還源圖頌到第十入鄽垂手圖頌，顯示主體性的起動，還有一個歷程，由受動到能動，由初動到全動，其歷程痕跡，非常明顯。有歷程，卽表示漸也。

三、我們說由第一圖至第八圖表示禪的實踐，第九圖與第十圖則表示禪的終極關懷。其實，若從教育的角度來看，前者可視爲自我教育、自利教育，其目的在提升自己的精神境界，由忘失主體性到尋回主體性，最後達致物我雙泯、主客兩忘的絕待無寄之境。這實是小乘修行者的自利的極致，到了這裏，便證羅漢果了。過此以往，則是大乘菩薩或佛的利他行，自利教育完成後，還要進行利他教育，自超越的泯絕無寄的境界傴僂下來，教化衆生，使同臻覺悟之果。生命的轉化，必須要由自我轉化（self-conversion）到他人轉化（other-conversion），才是圓實。

四、不過，十牛圖頌雖分自我轉化與他人轉化兩截，它的重點仍在前者。這由廓庵用八個圖頌來說前者，而只以兩個圖頌來說後者可見，此中有一輕重的分別。大抵廓庵以爲，自我轉化是基礎，在理論上也是先行的。自家的生命若不能淨化，如何能淨化他人的生命呢？

五、就以上諸點來說，廓庵的十牛圖頌可以說是較近於北宗禪的思路與實踐。不過，從禪的譜系來說，廓庵是臨濟宗，此宗是五家中的重要的一份子，而五家都由慧能的南宗禪所開出，這又應如何解釋呢？我們以爲，在這點上，我們不應以機械的眼光來看問題。從歷史發展來說，北宗禪只在初期盛行一時，那還是唐代中葉那段時期，過此以後，北宗禪便大衰，南宗禪却一枝獨秀，而且開出五家：臨濟、曹洞、溈仰、雲門、法眼[60]。而北宗禪的思想與實踐，亦在某一程度下流入南宗禪中。到了廓庵時期的宋代，這種混淆的情況更爲嚴重。實際上，北宗禪宗清淨心，這思路與華嚴、《大乘起信論》一脈相連，後者對佛教界影響極大；因而清淨心的思想，流入南宗禪，實在勢所難免。

何況禪的祖師菩提達摩，主要還是強調清淨的眞性的理。因此，廓庵雖屬臨濟宗，爲南宗禪的一支，但受到北宗禪的影響，甚至走北宗禪的思路與實踐，是很自然的事。

六、

不過，廓庵既出自臨濟宗，也自不脫臨濟宗的特色。如衆所周知，臨濟宗的重點在動感的講求，要在日常的生活云爲中，運用種種奇詭的言說與動作，以回應問者或參學者，使之開悟。此中自有一種機用或大機大用的表現。這機用自是要在現實的世間中點化或教化衆生中作，這便顯示一種現世情懷，這當然也可說是臨濟禪的終極關懷，它本身可列入公案禪或看話頭的主流。在這方面，廓庵的牧牛圖頌的第九、十兩個圖頌，便有這個意思。這也不是唯一的例子。雲門禪也強調機用，教人參話頭。雲門弟子德山圓密即以三句教人：涵蓋乾坤、截斷衆流、隨波逐浪[61]。「涵蓋乾坤」意即絕對眞理顯現爲全體的現象世界；「截斷衆流」意即眞理與現象有一段隔離，切斷世間種種煩惱妄想；「隨波逐浪」是重返世間，隨順現實，俟機教化衆生，使之開悟。很明顯，「截斷衆流」的修習意味很濃厚，其涵意相當於廓庵牧牛圖頌的前八圖；「隨波逐浪」則表示濃烈的現世情懷，與廓庵圖頌的最後的返本還源特別是入鄽垂手很相應。

清居的牧牛圖頌的情況，便很不同。它由牧牛開始，最後止於「心法雙亡」的超越絕待的境界，沒有進一步的發展，使人有孤芳自賞、掉禪不顧之感；不顧念世間衆生，不表現現世情懷也。此中一個重要原因，殆是清居是洞山良價的第六代弟子，屬曹洞宗。曹洞頭的特色是默照打坐，故又稱默照禪。這種禪法，目的在使人滌除一切相對念慮，而入夐然絕待的心境合一、主客雙亡的靜寂境界。不過，它很難起機用，應化世間，也是很明顯的。心境合一、主客雙亡的境界是靜態的，機用則要表現動感；兩者難以相應。臨濟禪之能運用大機大用，顯示現世情懷，端在它能表現動感也。

附註

❶ 在這些作品中，廓庵的有現存（見下）；自得的則存於《續藏經》第二冊二十一號，也見於釋子昇所編的《禪門諸祖偈頌》中，但都有文而無圖。關於清居的作品，情況比較複雜。鈴木大拙先是以爲這作品已失，其後又謂可能現存，他說見過一個舊的本子，懷疑是清居的作品。Cf. D. T. Suzuki, *Essays in Zen Buddhism*, First Series. London: Rider and Company, 1970, p. 369.

❷ 在這方面，少有的例子是杜松柏的《禪詩牧牛圖頌彙編》（台北，黎明文化事業股份有限公司，一九八三）。此書收入資料頗多，基本上從文學角度討論問題，思想性、宗教性不濃厚，又全未涉及在日本及歐美方面的研究成果，故談不上學術性。

❸ 關於達摩禪，參考本書所收另一文：〈達摩及早期的禪法〉。

❹ 關於天台智顗的判教，參看未發表之拙文《智顗與中觀學》(*Chih-i and Mādhyamika*)。

❺ 鈴木大拙以這序文的作者是廓庵本人(D. T. Suzuki, *Manual of Zen Buddhism*. New York: Grove Press, Inc., 1960, p. 128.)，那是錯的。鈴木實未仔細理解原文。原文明說則公禪師亦即廓庵（見下）善應群機而作十牛圖頌，然後說慈遠爲之編排整理，「採拾玄微」，並對十牛圖頌的微義，作了些發揮。柴山全慶在這方面便顯得較爲審慎，推斷慈遠是這序文的作者（柴山全慶：〈十牛圖〉，載於西谷啓治編集之《講座禪第六卷：禪の古典——中國》，東京，筑摩書房，一九七四，頁七五）。

❻ 這裏的主體性指佛心佛性，或「心牛」，參見下文。

❼ 關於主體性的涵養與發用的內外關聯，使人想起天台智顗所強調的中道佛性的功用問題。就智顗的體系來

說，中道是眞理，也是佛性，也是眞心，或主體性。要成就主體性，有功與用二面；功是主體性自家內部做修行工夫，用則是主體性在外面的發用，前者是自利，後者是利他。在功方面的工夫愈好，便愈能發揮利他行，在發用方面更爲有效。《法華玄義》謂：「功論自進，用論益物。合字解者，正語化他。」（《大正藏》三三．七三六下）又謂：「若竪功未深，橫用不廣；竪功若深，橫用必廣。譬如諸樹，根深則枝潤，華葉亦多。」（Idem.）很明顯，廓庵的前八圖頌相應於功，後二圖頌相應於用。

❽ 這是我們初步分析而得的看法，但還有些深微的問題需要清理，參看下文。

❾ 柴山全慶即這樣稱呼。參看柴山全慶，op. cit., p. 76, Also cf. Zenkei Shibayama, ***A Flower does not Talk.*** Rutland-Tokyo: Charles E. Tuttle Company, 1975. 在後一書中，「心牛」被譯作 "Mind-Ox"。（頁一五八）

❿ 久松眞一：〈十牛圖提綱〉，載於《久松眞一著作集第六：經錄抄》東京，理想社，一九七三，頁五一〇。

⓫ 柴山全慶，op. cit., 頁八〇。

⓬ 《大正藏》四八．二九五中。

⓭ 柴山全慶，op. cit., 頁八五。

⓮ Idem.

⓯ 柴山全慶，op. cit., 頁八六。

⓰ 久松眞一，op. cit., 頁五一四。

⓱ 柴山全慶，op. cit., 頁八七。

⓲ 久松眞一，op. cit., 頁五一四。

⓳ 《碧岩錄》則一謂：「達摩遙觀此土有大乘根器，遂泛海得得而來，單傳心印，開示迷塗，不立文字，直

指人心，見性成佛。」（《大正藏》四八．一四〇上一中）

⑳ 柴山全慶，op. cit.，頁八八。

㉑ 「泯絕無寄」是借用宗密判三種禪的一種的用語，只取其意境，而不必取其具體所指的禪法。

㉒ 久松眞一，op. cit.，頁五一五—五一六。

㉓ 關於這點，這裏不能詳論。拙著《佛教的概念與方法》中所收〈般若經的空義及其表現邏輯〉（頁二二一—四二）談到這個問題，可參考。

㉔ 關於大乘佛教的不捨世間的特色，參看拙著《佛教的概念與方法》，頁五一一八。

㉕ 「圓實」是借自天台宗的用語。天台智顗以《法華經》所顯示的教法爲圓實的教法；這種教法是透過開決、引導較低層次或覺悟境界不高的衆生進入一乘圓實之境而顯的。

㉖ 在禪門，十字街頭常與孤峯頂上對說；前者譬喻塵俗世間，後者譬喻清淨境地。就哲學一面言，十字街頭是經驗的（empirical），孤峯頂上則是超離的（transcendent）。

㉗ Paul Tillich, *Christianity and the Encounter of the World Religions*. New York：Columbia University Press，1964, pp. 4-5. 有關田立克的這種說法的評論，cf. Rem B. Edwards, *Reason and Religion：An Introduction to the Philosophy of Religion*. Washington D. C.：University Press of America, Inc.，1979, pp. 7-13.

㉘ 柴山全慶，op. cit.，頁八九—九〇。

㉙ 久松眞一，op. cit.，頁五一七—五一八。

㉚ 《般若經》好說三種三昧，即是空、無相、無願，都有超離意味。禪在這方面，不能沒有《般若經》的影

響。但後者亦強調入世，以三昧的精神，行度生之事，這即是利他也。

㉛ 德國神學家及禪學者杜默林（H. Dumoulin）在其《佛教中禪的覺悟之道》（*Der Erleuchtungsweg des Zen im Buddhismus*. Frankfurt am Main: Fischer Taschenbuch Verlag, 1976.）一書中，有一節談到禪機的問題，它將禪機譯爲Zen-Aktivität，強調其活動義，甚爲恰當。這種禪機充滿「活動中的動感」（Dynamismus der Aktion）。（頁六五）

㉜ 《無門關》，《大正藏》四八・二九三上。

㉝ 久松眞一，op. cit.，頁五一九。

㉞ Ibid.，頁五二〇。

㉟ 關於FAS的宗教理想，可參考久松眞一的〈絕對危機と復活〉一文。此文載於久松眞一、西谷啓治合編之《禪の本質と人間の眞理》（東京，創文社，一九六九）一書中；又載於《久松眞一著作集》二，東京，理想社，一九七二。

㊱ Max Scheler, *Ressentiment*. Tr., William W. Holdheim. The Free Press of Glencoe, 1961. 按這本書寫得很精采，但很少人研究。就筆者所知，較重要的有加拿大布魯克大學（Brock University）的諾特（J. Nota）的《馬克斯・釋勒爾，其人與其著作》（*Max Scheler. The Man and His Work*）。

㊲ *Ressentiment*，頁八四－八六。

㊳ Ibid.，頁八四。

㊴ Ibid.，頁八七。

㊵ Ibid.，頁九四。

㊶ Ibid.，頁八六。

㊷ Ibid.，頁八七。

㊸ Ibid.，頁九五。

㊹ Idem.

㊺ *Ressentiment*，頁一〇六。

㊻ Idem.

㊼ Idem.

㊽ *Ressentiment*，頁一一八。

㊾ J. Nota, "Max Scheler on Friedrich Nietzsche." 按這是多年前在北美諾特教授向筆者展示的一篇論文，未知其後何時發表在甚麼刊物中。

㊿ 按《壇經》有多個本子，我們這裏參照一般流行的宗寶所編的本子。

51 《大正藏》四八．三四八中。

52 《大正藏》四八．三四九上。

53 超越的分解一詞取自康德（I. Kant）的《純粹理性批判》(*Kritik der reinen Vernunft*)一書。不過，康德是透過超越的分解把範疇(Kategorie)建立起來，置定在那裏，作爲知識成立的超越根據，並視之爲表示存在的普遍性相者。我們這裏說超越的分解，不是知識論意義，而是從實踐修行方面，建立覺悟解脫而成佛的超越根據。對象雖不同，用法却是一樣。

54 關於達摩禪與《楞伽經》的思想，參看本書另文〈達摩及早期的禪法〉。

55 關於般若思想的不捨不著的妙用，牟宗三先生在其《佛性與般若》（台灣學生書局，一九七七）一書中有很好的闡述與發揮，讀者可參看其中有關部份。

56 《大正藏》四八·三五〇上。

57 《大正藏》四八·三五〇中。

58 《大正藏》四八·三五〇下。

59 《大正藏》四八·三五一上。

60 關於南宗禪的發展，cf. H. Dumoulin, "Die Entwicklung des chinesischen Ch'an nach Hui-neng im Lichte des Wu-Men-Kuan", *Monumenta Serica*, Vol. VI, 1941; *Der Erleuchtungsweg des Zen im Buddhismus*, Frankfurt am Main: Fischer Taschenbuch Verlag, 1976, pp. 52-89.

61 這三句在禪門非常流行，故這裏不具列出處了。

游戲三昧：禪的美學情調

禪作爲中國佛教發展的高峯階段，除了在哲學與實踐方面有其獨特的表現外，也滲透到文化特別是藝術（包括文學）方面去，在中國與日本文化的發展上，有着深遠的影響。它在中國藝術方面的影響，主要表現於文學（詩）、繪畫與書法諸項；對日本藝術的影響，則除了文學、繪畫與書法外，更及於舞台藝術（能樂）、建築（禪堂與茶屋）、日用器皿和庭園諸面；日本人的生活模式，如茶、花、劍擊，都有濃厚的禪的味道，甚至武士也沾上了禪的精神。這些生活模式精鍊化，配搭些教理，便可以說「道」，因而有所謂茶道、花道、劍道、武士道。

本文要討論的，是禪的美學情調問題。我們主要就繪畫一面來看。關於禪與文學特別是詩的關係，論之者多，我們這裏不想重複。至於禪與繪畫和詩以外的其他藝術形式的關係，則由於這些形式是我國人所忽略而爲日本人所偏重的，筆者對日本文化認識不深，故捨而不談。

現代學者特別是歐語界方面對禪與繪畫的關係的研究，雖有些成績，但並不顯著❶。他們基本上是透過日本學界特別是鈴木大拙的詮釋來了解禪與東方文化。鈴木的名著《禪與日本文化》(*Zen and Japanese Culture*)，在歐美有廣泛的影響❷。鈴木在禪方面的修爲，功力固然深厚；但在闡釋禪的義埋方面，平平無奇，通俗有餘，深入不足，在這方面，早已爲柴山全慶和京都學派（久松眞一、西谷啓治、上田閑照、阿部正雄）他們超過了。京都學派的學者致力把禪提升至國際哲學與宗教的層面，其中的久松眞一，除了發揚禪的義理外，在禪藝方面，造詣很高。他寫有《茶道の哲學》與《禪と藝術》二書❸，總計超過一百萬言，內有很多個人的生活體驗與精到的見解，是目前研究禪藝的最好的參考文獻。

一、禪的本質·動進的心

本文要討論的重點，是繪畫或美術作品如何反映禪的性格，以顯出禪的美學情調。美術是藝術的重要組成部份，而我國自唐宋以降，藝術受到禪的深遠的影響。故我們要先把禪的美術放在禪藝中，總體地看看禪藝是一種甚麼樣的東西。

禪是一種宗教，故禪藝是一種宗教的藝術。它是藝術形式，但所傳達的，或顯示的，是禪這一種宗教的涵義，或它的精神、本質。藝術品必須要能傳達禪的本質，才能稱爲禪藝。那麼禪的本質到底是甚麼呢？

日本京都學派第二代學者久松眞一、西谷啓治合編了一部《禪の本質と人間の眞理》❹，談的正是禪的本質的問題。久松論禪的本質，有好些地方值得我們參考。這裏我們先把自己的看法，陳述出來；待後面提到久松論禪時，再加以印證。不過，有些重要地方，我們還是不能同意久松的看法。

要注意的是，我們這裏所說的禪，主要指六祖慧能所開創的南宗禪而言。禪自菩提達摩（Bodhidharma）開始，四傳至弘忍，爲五祖。弘忍之後，禪便分南北兩支發展。北宗禪由神秀開出，歷兩三代便衰微了。南宗禪則由慧能開出，其發展歷久不衰，最後並傳到日本方面去。到底慧能禪或南宗禪的本質是甚麼呢？我想應從慧能所傳的《壇經》說起，這是南宗禪的最重要的文獻。在這部文獻中，記載着兩個關要之點，由此我們可以探索禪的本質。這兩點是：

一、慧能因口誦了一首偈而得到弘忍的印可。這首偈是：

菩提本無樹，明鏡亦非台；
本來無一物，何處惹塵埃？[5]

二、慧能夜半聞弘忍講說《金剛經》，至「應無所住而生其心」一句而大悟[6]。

佛教的終極目標，是要人覺悟眞理，而得解脫。禪自亦不例外。覺悟是心或主體性的事。以上兩關要點都牽涉到覺悟的問題，即是心的覺悟。它們的焦點，都直指向心；而這心，當然是覺悟的心。這心的形態，或活動的方式，即是禪的本質所在。

慧能偈雖未有提到心，但所談的，或所透露的，無疑是心的問題。這首偈是回應神秀的偈而作的。神秀偈爲：

身是菩提樹，心如明鏡台，
時時勤拂拭，勿使惹塵埃。[7]

這是把心譬喻爲明鏡台或明鏡，把心置定於一個超越的位置，使不受客塵所熏染，俾能保持其如明鏡般照物的作用。若見有塵埃，便需馬上拂拭。故心實光板地、機械地被當作處理的對象，被安放在一個超越的位置，與世間或俗世隔離。慧能以爲這不是禪悟的境界。依慧能，禪悟表現於心的「無一物」的狀態中。心的「無一物」性，顯示心不能被當作一物事或對象來處理，安置在一個與世間隔離開來的位置；它不停地在發揮作用，不停地以其光明靈覺去照耀萬法；由於它是光明靈覺，故不會被世俗的染汚因素影響，不會「惹塵埃」。故心是一個靈動的主體性，它不停地在作用，發揮其妙用，以教化、轉化世間。由於心是恆常地作用，故具有動進性(dynamism)，是一動進的心或主體性❽。

這動進的心對世間取甚麼樣的態度呢？對於回應這個問題，上面提到慧能聞說《金剛經》的「應無所住而生其心」句而開悟一點，提供很好的線索。「應無所住而生其心」顯示心是要運作的，而心在種種運作中，不住著於任何對象，不管這對象是事物的相狀或念頭。倘若心住著於某一特別事相或念頭，它必會只見到這事相，只想到這念頭，而不見其他的事相，不想其他的念頭，這樣，他便會爲這事相、念頭所束縛，而不得自由。不得自由，便不能自在地作用，應化世間。這樣便失去其動進性，或靈動機巧性。故心在運作中，是不能住著或取著任何對象的。關於這點，慧能在《壇經》也說得很清楚：

> 迷人看法相，執一行三昧，直言常坐不動，妄不起心，卽是一行三昧。作此解者，卽同無情，却是障道因緣。善知識，道須通流，何以却滯？心不住法，道卽通流。心若住法，名為自縛。❾

卽是說，心必須要「起」，要運作，不能「常坐不動」。否則，便很難說覺悟（道）。但心起了，運作了，又不能住滯於對象（法）中，否則便會爲對象所縛，不能流通無礙地運作。對於這種狀態，慧能又以偈表示如下：

> 兀兀不修善，騰騰不造惡，寂寂斷見聞，蕩蕩心無著。❿

主體性或心不住著於相對性的善惡的對象中，也不起相對的善惡的念想，因而是任運自由，蕩蕩然無所寄。

要注意的是，無住不是消極的表現，它只是心在表現上的一個面相，是心對世間的一種態度。另外的一個面相和態度是不捨。心在世間起用，必須有起用的對象；若以世間的對象都是汚染而遠離之，則一切歸於寂然，心便沒有作用的對象，起用也無從說。需知世間一切法或對象，都是因緣和合而成，沒有常住不變的自體，故是空。對象固然是空，對象的染汚也是空，它們是不能眞正對心或主體性構成障礙的，故不必要捨棄它們。故無住實包含兩面涵義：不取著、住著世間，也不捨棄世間。心對世間物事不住不捨，只是隨順世間衆生個別的需要，隨機起用地施以適當的回應，以教化、點化衆生，使轉迷成悟。關於不捨的意思，慧能在《壇經》也說：

> 於一切法不取不捨，卽是見性成佛道。⑪
>
> 若於一切處而不住相，於彼相中不生憎愛，亦無取捨，不念利益成壞等事，安閑恬靜，虛融澹泊，此名一相三昧。⑫

要言之，心必須不住著於物，不取著於物，才能不爲物所限制、所束縛，而保持自由自在的狀態，任運流通。另外，心也必須不捨棄世間的物事，才有起用的對象，才能達致點化與轉化衆生，使轉迷成悟的宗教目標。故禪的本質，可說爲動進的心對世間不取不捨的妙用，或這不取不捨的動進的心⑬。

二、禪的表現：游戲三昧

上面說禪的本質在於一個動進的心靈，這心靈或主體性恆時在作用中，在對世間作不取不捨的妙用。因此，禪是無所謂靜態的，即這禪心恆時在起動，恆時在動態中。我們有時說禪有靜態一面，那是指禪心的起動未在現象方面表現出來，未能在我們的日用云爲中產生顯著的影響而已。

禪心在現象界或日常生活中起動，產生顯著的效果，宗門中人喜稱之爲游戲三昧。這亦可說是禪的表現。所謂游戲三昧，是禪者或覺悟者以三昧爲基礎，在世間自在無礙地進行種種教化、點化、轉化的工夫，對於不同情境、條件的衆生，皆能自在地拈弄，以適切的手法或方便去回應，使他們都得益，最後得到覺悟。禪者運用種種方便法門，總是那樣揮灑自如，得心應手，了無滯礙，仿如游戲，完全沒有侷束的感覺。

三昧是梵語 samādhi 的音譯，意譯爲禪定。這本是一種使意志集中起來，不向外散發的修行。在三昧的修習中，修行者所關心的，是如何強化自己的意志，使如金剛石般堅住，不對外界起分別意識，不與外界作主客的對立，不爲外在的感官世界所吸引、誘惑。在整個修習過程中，意志的純化是最重要的功課。在方法上，這功課需要在清淨和寂靜的環境中進行，因而它予人的靜態感也不能免。這是心靈的凝定階段。這階段過後，純化的工夫完成了，心靈便可從凝定的狀態中躍起，在世間起種種作用，教化衆生。

禪的游戲，必須以三昧爲基礎，否則意志不易把持得住，易流於蕩漾；三昧亦必須發而爲游戲，否則，在三昧中所積聚的功德，便無從表現出來，發揮其作用。游戲是動的，三昧則偏於靜的，兩者結合，而成游戲三昧，即是動靜一如的狀態。通說如「禪寂」、「禪坐」，是傾向於三昧一面，靜態的意味重。「禪機」則是禪祖師的大機大用，這是游戲一面，純然是動態。「禪趣」則介於游戲與三昧之間，有動又有靜也。

要注意的是，游戲三昧是一種整全的禪實踐的表現。它不能截然地分開爲游戲與三昧兩段，而以游戲指禪的動感，以三昧指禪的靜感。游戲是在世間進行自在無礙的教化、轉化工夫，三昧則作爲游戲的基礎，以修行者的專一的堅強意志，把游戲貞定下來，不會泛濫。在禪人的游戲中，三昧早已隱伏於其中，發揮它的殊勝的力量了。

慧能在《壇經》提到游戲三昧，他說：

> 若悟自性，亦不立菩提涅槃，亦不立解脱知見。無一法可得，方能建立萬法。若解此意，亦名佛身，亦名菩提涅槃，亦名解脱知見。見性之人，立亦得，不立亦得，去來自由，無滯無礙，應用隨作，應語隨答，普見化身，不離自性，卽得自在神通，游戲三昧，是名見性。⑬

「無一法可得」是不執取於任何一法，這是不取；「方能建立萬法」是積極地成就世間法，這是不捨。禪心的活動，必須是對世間諸法不取不捨。這裏對游戲三昧，有較細微的發揮：「去來自由，無滯無礙，應用隨作，應語隨答，普見化身，不離自性，卽得自在神通。」由「去來自由」至「普見化身」，都是說游戲，顯示禪人對世間的作用，都是揮灑自如，進退得宜；「應用隨作，應語隨答」，一切都那樣地得心應手。「不離自性」却是三昧的事。自性或本心本性必須經過三昧的艱難修行階段，才能挺立起來，表現堅貞無比的意志與耐性。

宋代南宗禪的無門慧開也曾這樣說游戲三昧：

> 參禪須透祖師關，妙悟要窮心路絕。……莫有要透關底麼？將三百六十骨節，八萬四千毫竅，通身起箇疑團，參箇無字。晝夜提撕，莫作虛無會，莫作有無會。如呑了熱

鐵丸相似，吐又吐不出。蕩盡從前惡知惡覺，久久純熟，自然內外打成一片，如啞子得夢，只許自知。驀然打發，驚天動地。如奪得關將軍大刀在手，逢佛殺佛，逢祖殺祖。於生死岸頭，得大自在，向六道四生中，游戲三昧。⑮

這是宗門對游戲三昧闡釋較爲詳盡而具體的文字。這裏把三昧的工夫，集中在對「無」的參究上。在這參究中，不起有、無的分別意識，不作主客、內外對立的想法，「內外打成一片」。這個工夫圓熟了，便能馬上有效地在世間游戲起用，破除衆生的種種執見與邪見，包括對佛、祖師的權威的執見在內。這裏特別強調，以三昧爲基礎的游戲，是要對着六道（天、人、阿修羅、畜牲、餓鬼、地獄）四生（濕生、煖生、化生、胎生）的輪迴界域作的，目的自然是要使衆生轉迷成悟，從輪迴世界的苦痛煩惱中脫却開來。

三、三昧之美與游戲之美

上面說過很多學者研究禪與藝術方面的問題，所謂「禪藝」便是指那些能反映禪的風格的藝術或生活方式。「禪藝」表示禪與藝術的結合。禪自身必先有一種美，或美學情調，才能入於藝術，透過藝術品顯示出來。不過，禪畢竟是一種宗教，它有它的宗教的終極關懷，這便是求覺悟、得解脫與化度衆生，使離苦得樂。我們上面說禪的本質，提到那動進的心對世間不取不捨的妙用，亦是直接指向這個終極關懷或目標的。在禪藝與禪的終極關懷的脈絡下，我們可以提出這樣的問題：禪作爲一種宗教，它能在哪一或一些面相方面可以說美，或具有美學情調？或者說，禪這樣一種宗教的美在甚麼地方？

這不是一個易於處理的問題，除了關連禪的本質與表現外，還牽涉到甚麼是美或美學情調的問題。這裏我們不想扯得太遠，姑採取流行的克羅齊（B. Croce）的形相直覺主義對美的看法。克羅齊和他的學派以移情作用（empathy）爲美學上的根本原理；即是，在直覺經驗中，有移情作用發生的，即爲美。這移情作用基本上是一種外射作用（projection），指審美者或欣賞者把自身的感情移注到物事中去，而物事的形相（form）亦被吸納入審美者的生命中。這樣，物事對於審美者來說，即是美的。在移情作用或經驗中，審美者沒有物是物，我是我的分別意識，而是感到物我渾一、物我雙忘。這種雙忘的感受或境界是美的關鍵，那是一種無我之境，在美學上層次最高。王國維在其《人間詞話》中即提到陶淵明的「採菊東籬下，悠然見南山」句，以之爲表達物我渾一的無我之境（採菊者是我，南山是物）的典範，因而表現最高的美感。

依據克羅齊及其學派的說法，美感經驗發生於審美主體與審美對象所成的一種渾一的關係中。在這關係中，審美對象的形相爲審美主體所吸附，而審美主體的情感也流注入審美對象中，這樣，情（審美主體的感情）境（審美對象的形相）交融，境入於情，情注於境；審美主體對審美對象與自身不起主客的分別意識，因而忘主客、泯物我。在這種物我渾一或雙忘的情態中，審美主體有美的感覺，感覺到審美對象是美的[16]。在禪中，有沒有與這相類似的境界，而可稱爲美的呢？

答案是肯定的。上面提到禪的游戲三昧中的三昧的修習，便有這種境界。在三昧的修習中，修行人把意志集中起來，不使之外用，俾能達致精神統一的效果。這種集中意志，不使之外用，包涵意志或意識不向外起分別作用，以了別外物的意思。不起分別意識以了別外物，顯示外物與主體的泯一狀態。在這種狀態下，心自身不作心想，也不對物起物想，心物一體無間，這亦是一種物我渾一或雙忘的境界。另外，禪人喜說「大死一番，游戲三昧」。修行人必須先死一次，才能眞正活過來，使生命獲致無限的、永恆的意義。這樣，才能在世間自在游戲，化度衆生。這「大死一番」其實是一種濃烈的三昧工夫。在這種工夫中，禪人要把一切相對的分別意識徹底泯除、否定，所謂「大死」也。這種把一切相對的分別意識都否定掉，「死」掉，主要是掃除物我的、主客的分別意識。能夠這樣做，便達於物我渾一或雙忘的境界[17]。很明顯，禪的美感或美學情調，可在三昧中的物我渾一或雙忘中見。

這裏有幾點需要留意。一、禪的三昧之美，不是僵死的、不能活動的美。一般對應於三昧的表述式，如禪寂、枯禪、只管打坐[18]，也不是這個意思。我們上面說禪的本質在動進的心對世間的不取不捨的妙用，這心是充滿靈動機巧性的。在三昧中，這心的靈動機巧性仍然存在，仍然發揮作用，只是不在現象界表現出來而已。同樣，美學中的物我雙忘的境界也不是死寂的、了無生氣的境界。物我之間還是不斷地溝流的：物的形相爲我所吸納，我的感情移注到物中去。故還是充滿任運流通的生氣的。

二、游戲三昧是一個整體的活動。游戲要以三昧爲基礎，三昧要在游戲中表現其活力。故本來是不能拆分爲二段的。不過，我們可以比較的眼光，把游戲三昧分析爲兩段：三昧與游戲，而說三昧是靜態的，游戲是動態的。這靜態與動態的分法，只是一種對比，沒有絕對的涵義。因爲不管是靜態的三昧，或是動態的游戲，都是那動進的心靈在作用着。

三、就以上的對比來說，三昧之美，可說是靜態的美。但游戲能否說有美呢？美能否說是動態的呢？這涉及一個很重要的問題。游戲或游戲三昧本來是宗教意義的，它背負着一個重要的宗教任務：動進的心靈在世間不取不捨地作用，要轉化衆生，使捨迷開悟，成就解脫。在執行這個宗教任務的過程中，當事者可本着其心靈的靈動機巧性，而採取種種有效的方法或施設，去達成任務。這些方法或施設，有美好的，也有醜惡的；不過，是美好是醜惡都不重要，只要它能發揮作用，幫助達成任務便成。這裏似乎很難說美或美學情調。但游戲中的心靈的靈動機巧自身，似乎又可說有一種動態的美，美在它的動感也。這種美自然不是成立於物我兩忘的境界中的那種美，但似乎可以附在三昧之美中說。因爲在三昧中，仍是那個具有靈動機巧性的動進的心靈在作工夫也。故筆者以爲，游戲中的動感的美，可附在三昧之美中說。

這樣，我們可以對禪之美，作以下的規定。禪的本質在於動進的心對於世間的不取不捨的妙用，它表現在游戲三昧中。在三昧中，禪有當體的美或美學情調可言，這卽是三昧主體在泯除一切意識分別而達致的心境渾一、物我雙忘的境界。這是相對意義的靜態的美。另一方面，禪人在游戲中常起機用，施設種種方便以點化衆生，此中亦有一種心靈的靈動機巧的美可言，這是游戲的美或相對意義的動態的美。禪的美，應以三昧之美或相對的靜態的美爲主。

禪的三昧之美與游戲之美的表現，最好的例子，莫如宋廓庵禪師的《十牛圖頌》。這個圖頌以牛喻心，所謂心牛。作者透過牧者找尋忘失的心牛，顯示出禪實踐的全幅心路歷程與禪作爲一宗教的終極關懷。這十牛圖頌可分爲兩個階段：前八圖頌爲第一階段，後二圖頌爲第二階段。前八圖頌計爲：尋牛、見跡、見牛、得牛、牧牛、騎牛歸家、忘牛存人、人牛俱忘。後二圖頌則爲返本還源、入鄽垂手。前八圖頌描寫牧者在找尋忘失了的心牛，尋得心牛，最後馴養心牛以臻於泯滅人牛的分別意識的途程中的心路；後二圖頌則描述牧者或禪修行者覺行圓滿後重返世間，以種種方便點化衆生，使轉迷成覺。很明顯地看到，前八圖頌是實踐修行歷程，相當於游戲三昧中的三昧；後二圖頌則表示禪的終極關心所在，相當於游戲三昧中的游戲。在前八圖頌中的最後一圖頌即第八圖頌人牛俱忘，可以說是實踐心路的極致，因而亦可說無路可進。此時，一切主客對立的格局都打消掉，沒有人也沒有牛，心境兩忘，頌文前的短序有「凡情脫落，聖意皆空」一語，而圖則一歸於無，只劃出一個圓相，表示三昧到此，已臻圓熟。這亦是美學的最高境界；在這個階段，宗教與美學可以說結合在一起。這是三昧之美。過此以往的最後兩圖頌，顯示三昧的妙用，如第十圖頌入鄽垂手頌文前的短序有「提瓢入市，策杖還家，酒肆魚行，化令成佛」一語，頌文則作「露胸跣足入鄽來，抹土塗灰笑滿腮，不用神仙眞秘訣，直教枯木放花開」。這便是游戲三昧，表現自在的神通了。此中亦有一種靈動機巧的美。修行者露胸跣足，以平常人的姿態謙卑服役世間，爲了點化衆生的迷執，雖抹土塗灰亦露笑顏，其悲憫與耐性，可使寒爐再火，枯木開花。這不能不算是一種美，不過，它不是純粹的美，而是在宗教氣氛烘托下的美⑲。

四、禪畫的內涵

上面我們說禪的本質在動進的心或它對世間生起不取不捨的妙用。這本質表現於游戲三昧中。三昧有三昧之美，游戲有游戲之美。三昧之美是心境雙忘的境界，游戲之美則是心在對世間生起不取不捨的妙用當中所表現的靈動機巧的美感。我們認爲，禪的美，應以三昧之美爲主。以下我們即討論禪畫和其中所表現的美感。

首先我們要談談甚麼是禪畫。畫是繪畫、美術，是藝術的一種形式。禪畫卽是具有「禪味」或禪的性格的畫。這禪味或禪的性格，應直指向禪的本質，這卽是動進的心對世間的不取不捨的妙用。這是就用方面說。若就心方面說，則可說爲能對世間起不取不捨的妙用的動進心靈。由於禪是一種宗教，它的本質，當然也是宗教意義或內涵的。故禪畫可說是一種具有宗教內涵的藝術或藝術形式。

要注意的是，禪畫必須表現禪的本質。一幀繪畫卽使所表現的題材與禪有關，或出自禪師或禪修行者的手筆，倘若不能表現禪的本質，也不能稱爲禪畫。另一方面，一幀繪畫若能表現禪的本質，則卽使它不是出自禪人之手，或所描繪的題材與禪沒有直接的關連，也可稱爲禪畫。能不能稱爲禪畫，關鍵在能否表現禪的本質，其他的都不重要。

站在禪的立場來說，禪是生命的學問與修行；故禪的本質，卽是生命的本質。這生命的本質是甚麼呢？宗門喜把它說爲「父母未生前的本來面目」、「屋裏主人公」、「屋裏老爺老娘」、「祖師西來意」。它是超越時空與一切經驗條件的絕對的主體性，我們這裏把它說爲是不取不捨的動進的心靈。禪畫卽是能表現這種心靈或主體性的繪畫。這心靈或主體性既是生命的本質或自己，則禪畫應是畫人自己表現自己的本質的作品，卽是自己表現自己的眞面目的作品。這「自己」有普遍性，人人皆同。禪畫或禪藝應是當事者的自己表現的痕跡，他只是透過某些題材來表現自己的根本性格而已，這些題材可以是與禪的典故有關的東西，也可以是無關的東西。京都學派的久松眞一卽在這個脈絡下，強調禪畫是禪的自己表現。他說：

> 禪畫是禪的自己表現。由於畫面表現着與禪相同性格的東西，故看到禪畫的人，會有

一種禪的東西的感覺。這禪的東西，不外是人的本來的自己，故見到禪畫的人，會感到自己從一切形累的東西脫却開來。卽是，不單是從心身的一切形累脫却開來，也從神與佛方面脫却開來，連「脫却開來」一事也脫却開來。⑳

他又說：

禪不外是本來的自己從內外一切形相脫却開來，不為任何東西所繫縛，自在無礙地作用而已。禪畫卽表現這本來的自己的畫。在禪畫中，禪在畫面上表現出來，它不是被對象化了被描畫出來，也不是對象化了的禪被描畫出來。只是禪變成了畫，其自身以主體的姿態自己表現而已。……被描繪的東西，不管是人物、山水、花鳥、靜物等，在描繪中，或在被描繪的東西中，禪只是如如地自己表現而已。㉑

久松這裏說得很好。禪畫所表現的，是「禪的東西」，這便是具有普遍性、人人同具的生命的本質，「本來的自己」。故看到眞正的禪畫，便有看到自己的本來面目的感覺。這本來面目是不受心身等一切經驗條件所束縛的，看到它便有一種解脫的感覺。久松這裏所說的「禪的東西」、「本來的自己」，卽是我們所說的不取不捨的動進的心靈或主體性。

一幀禪畫是怎樣繪成的呢？畫人應在兩個層面用心思：普遍的層面與特殊的層面。普遍的層面指那普遍的禪的本質，那人人所平等地具足的不取不捨的動進的心靈。畫人必須滲透到這禪的本質方面去，體會以至顯現這心靈的動進性與不取不捨性。具體的層面則牽涉到繪畫的題材，卽是說，要對這題材的性格有充分的理解。例如，要繪一幀菩提達摩（Bodhidharma）像，畫人必須能掌握菩提達摩的性格，他的獨特的意志、勇氣與威儀，用恰當的技巧，把這性格描繪出來。當然，在這性格的背後，還要透露那不取不捨的心靈的動進性。一幀好的禪畫，是很不易成就的。㉒慧能的性格與菩提達摩不同，一幀慧能像的禪畫，一方面要展示出慧能的不同於菩提達摩的性格，同時又要透露兩者共有的心靈的動進性，這便不易爲。

便是由於這個原故，眞正的禪畫，並不多見，作禪畫的人也不多。較重要的禪畫作者，中國方面有五代的石恪、貫休，宋代的梁楷、牧谿、日觀、玉澗，和元代的因陀羅。日本方面則以默庵、周文、眞能、賢江祥啓、相阿彌、雪舟等楊、白隱慧鶴爲著。

五、禪畫的題材與方法

下面要集中討論禪畫的美感問題。讓我們從禪畫的題材說起。禪畫是一種宗教畫，或宗教美術。傳統的宗教畫喜以繁複的學院手法，繪畫佛、菩薩、天堂、曼荼羅（maṇḍala），這些也是最流行的題材。禪畫則不同。它喜以山水及日常生活所見的物事爲題材。在人物方面，它不大寫菩薩，却喜寫佛與祖師。個別的人物則有釋迦、菩提達摩、慧能、寒山、拾得等。又禪家喜以牧牛喻牧心，故流行牧牛圖。有些禪師又好以畫圓相來表示自己覺行的程度或境界，故宗門中又流行「一圓相」的繪畫。

在這些題材中，人物與自然景物方面尤堪注意，幾乎每一個禪畫作者都曾以這兩方面的題材來作畫。以佛門特別是禪門的人物爲題材來作畫，是很易理解的。這種題材易使人關連到禪的風格或精神，本質方面，起碼在心理上是如此。以自然景物爲題材來作畫，則與東方的自然觀有密切的關聯。東方人對於自然，除了以一美學的角度看它外，也加上一種宗教的虔敬心情。文學家和藝術家們除了欣賞自然的外在的形相的美外，往往喜歡探索它的內部，發掘出無限的、永恆的和深遠的涵義。這涵義是形而上的，也是精神性的，它可以提升我們的心情，使我們的注意焦點從事相或形相的層面向形而上的精神境界轉進，以臻於終極的境界，最後覺悟到終極的眞理。對於東方的詩人、藝術家和宗教家來說，自然並不是枯啞的，却是會「說話」的，它能向我們透露終極方面的消息。像蘇東坡這樣的詩句多的是：「溪聲盡是廣長舌，山色無非淸淨身。」他們甚至以爲自然的景物自身卽此卽是終極的眞理的所在。如《碧岩錄》謂：「山花開似錦，澗水湛如藍」㉓。

上面我們說禪的本質是那不取不捨的心靈的動進性，禪畫必須要能展示這種本質。不管是人物、自然景物或其他題材的禪畫，都不能例外。必須這樣，才能說美感。在中國畫法中，到底哪種畫種或方法最能與這心靈的動進性相應呢？很明顯，在工筆與意筆這兩種方法中，前者不大能相應，後者則最能相應。工筆畫構圖細緻複雜，講求線條之美，因而要用勾勒法，不免使人有累贅之感。這些因素都足以使作品淪於黏滯，呆板，而缺乏生氣，不能表現動感。這與心靈的靈動機巧的性格不相應。意筆畫則不同，它的構圖簡單，却能突出形象或主題；整幀作品要在極短促的時間中完成，不能翻筆，用筆必須流暢自然。這對於表現動進、無滯礙的風格，提供了很好的條件。唯其能動進、無滯礙，才能表現生氣，表達充實飽滿的生命力。南齊謝赫的《古畫品錄》列出畫評的六法，第一法爲氣韻生動。這種標準，唯有意筆的方法較能配合；畫者筆觸靈動機巧，一氣呵成，使作品洋溢着生氣與生機㉔。另外，意筆畫在用墨或着色方面，較能重視水份的運用，在與墨或彩色混和方面，如能恰當地控制水量，便能使畫面的濃淡分野，有顯著的對比，使人生起遠近、明暗的感覺，增加作品的動感與生氣。這種繪畫的方法再與中國宣紙配合起來，藉着後者易於滲水的性格，使墨或彩色慢慢滲透開去，由濃而淡，更增加那種淋漓、鬆動的感覺，因而生氣盎然，靈動有緻。

意筆畫中又有水墨畫和彩色畫之分。水墨畫只有黑白的對比，在運墨方面也有乾濕、濃淡、疏密和輕重等的對比。這與禪的簡樸、古拙、不受約束等的風格很能相應。特別是那種破墨和潑墨的手法，使整幀畫面完成於一剎那間，也很配合禪的頓悟的實踐方法。倘若以水墨畫較易表達簡樸的精神或修行境界，則彩色畫可說較能反映現象世界的種種差別與特殊的相狀。就色來說，水墨是一色，彩色則是多色。現象世界是多采多姿的，故應以多色來表示。禪自然不否定現象世界，因而不會排斥多色的表現。它的本質與精神畢竟是簡樸的，這不易爲多色所表達，而是以單一的黑色來表達較爲恰當。進一步說，禪畫要描繪的是覺悟的境界，而這境界是絕對的，不能有部份的分別，故描繪時最宜一氣呵成，只有意筆能做到這點。工筆的步步爲營，重重疊疊，不免有支離破碎之嫌，不能表達覺悟的境界的整全性。

故標準的禪畫，應是意筆的水墨畫。而如上所說，人物與自然景物是禪畫中最流行的題材。以下我們要就具體的人物和自然景物的禪畫，討論禪畫的美感。

六、禪畫的欣賞：人物畫

上面說過，禪的美感以三昧爲主，但亦有游戲之美。這兩種美比較起來，自以游戲之美與作爲禪的本質的不取不捨的動進的心靈有較密切的關連。不過，三昧並不是僵化了的、了無生氣的三昧，在三昧中，心靈還是在動態中，它還是在作用，只是這作用不在現象界中顯現而已；它的動進性還是保持着。在以人物與自然景物爲題材的禪畫中，我們可以說，人物的禪畫偏於表現禪的游戲之美，自然景物的禪畫則偏於表現禪的三昧之美。當然這只是比較上是如此，例外的情況是很多的。如石恪的二祖調心，是以三昧之美爲基調的；而不少自然景物的禪畫，描劃流水與風雨景象，充滿動感，則是以游戲之美爲基調。以下我們先討論人物的禪畫與所表現的游戲之美。

五代的石恪是人物禪畫的先驅人物。他的禪畫的代表作是兩幅「二祖調心圖」（圖一、二）。二祖卽禪門二祖慧可，宗門傳說他向禪祖師菩提達摩請敎安心之道，結果得悟，而成二祖㉕。石恪所繪的二圖，其一寫二祖案伏在虎上，二者都在閉目冥思，另一則寫二祖案伏在右股上靜坐冥思。二祖在這兩圖中，雖都是靜坐冥思，但畫面却充滿動感與力量；這動感與生命力表現於畫者以破墨粗線繪畫二祖的法服一點上。這使人有雖靜而動，靜中有動之感。

宋代的梁楷是我國人物禪畫方面最重要的畫家。他的畫風粗獷豪邁，富有動感與生命力。他曾畫有兩幀六祖的畫，一是「六祖截竹」（圖三），另一是「六祖破經」（圖四）。兩者都富有宗教意味。六祖截竹顯示禪門並不只重三昧禪定的修習工夫，同時也強調日常勞作的意義。慧能禪以爲，眞理或道無所不在，卽使是日常的平凡的生活節目，如屙屎送尿，喝茶吃飯，都是道的表現所在。龐居士（蘊）的「神通並妙用，運水與挑柴」一對句，深入人心，道的神通與妙用，絕不遠離我們一般的生活云爲。「六祖截竹」當亦有這種涵意。「六祖破經」則是要掃除經論文字的權威性。這些經論文字對於覺悟來說，都是外在的東西。覺悟基本上是自家心上的事，不能依於任何外在的權威，不能隨着經論文字的脚跟轉。由六祖以祖師的身份出來破經，很有典範意義。兩幀繪畫都充滿生活氣息與動感。畫中的人物雖以勾勒出之，但用筆明快爽利，清脆直截，沒有絲毫黏滯的感覺。這是充滿陽剛之美的作品。

梁楷的另一傑作「布袋和尚」（圖五）也很堪注意。布袋和尚是彌勒（Maitreya）菩薩的變化身，他在世間示現，對衆生有廣泛的包容，承受衆生的苦難。他的外貌滑稽惹笑，內裏却背負着莊嚴的使命。這個強烈的對比，不易寫出；梁楷的作品，在這點上做得很好。整個人物的輪廓，予人一種灑脫、不羈、無執著的動感，特別是他的衣衫同時用破墨與潑墨寫出，益增一種任運自由而充滿活力的感覺。但面部輪廓，用精細線條描劃，表示他還是有很精明的頭腦。整個畫面予人完美的印象，覺得畫中人既慈悲又富有智慧。

「寒山與拾得」（圖六）也是梁楷寫的。很多人物畫家都畫過寒山與拾得，這些畫都有一個共同的特點，都把這兩個佛門高士繪成玩世不恭的樣子，甚至有漫畫的味道。事實上，這兩人確是外表不羈，內裏嚴肅，是佛門的傳奇人物，有點神秘性。他們出沒無定，過着岩洞式的生活，只在適當的時候出來亮一下相，點化衆生[26]。梁楷的「寒山與拾得」，畫得實在好。兩人面部以至手脚都用細緻的勾勒法描畫，衣履則以粗豪的破墨與潑墨出之。不管是哪一種畫法，都予人無礙自在、充滿生命力的感覺。人物的頭部、手、脚的大小對身體都是不成比例。這不成比例也可說是禪畫的特色。禪畫特別是人物畫，不在要描繪客觀世界，但必須能表現生命、心靈的靈動性，而且要是一刹那的表現。一切計量、擬議都是容不下的。若刻意求正確的比例，則勢必陷於對客觀世界的研求、計度，而囿於這客觀世界，不能突顯心靈的主動性了。

「瑤台仙」或「潑墨仙人」（圖七）是梁楷的人物畫中最受傳頌的。整幅畫只是一個潑墨仙人在漫步。除了面部的輪廓外，整個人物都以潑墨畫成，在用墨的濃淡、疏密方面，表現出圓熟的技術。我們可以肯定，這是在極短的時間、極快的速度下完成的。這幀作品給人的感覺是痛快淋漓、自由無礙、超逸脫俗，仙人的每一部份都洋溢着生機和灑落的氣氛。瑤台仙雖是道家的人物，這點絲毫無損於它所表現的禪畫所要求的無礙自在的動感。在生機與灑落氣氛的浸潤下，人物的身份變得不重要了。

禪畫在日本方面較爲流行。事實上，日本的禪畫家較中國的爲多，雖然禪是由中國傳到日本的。默庵是較早期的人物，是日本水墨畫的先驅。他的「四睡圖」（圖八），是很有趣和特出的作品。畫中描繪了寒山、拾得、豐干禪師和老虎擁疊而睡，雖睡而各各有其姿態，各各表現其活力。豐干禪師與寒山、拾得有相似的生命情調，也有同一的人生旨趣。這三個佛門活寶很富有神秘意味，行踪飄忽，但總會在有需求時出現，勸化濟度衆生。畫中顯示各「人」（包括老虎在內）的神態，趣味盎然。

雪舟的「慧可斷臂」（圖九）是一幀很流行的禪畫，它所依據的故事也是禪門中引人悟道的很有啓發性的公案。祖師菩提達摩在岩洞中面壁冥坐，慧可在洞外侍立，希望能得到達摩的開示。時值嚴冬，雪積過膝，達摩還是不理他。慧可忽地把左臂砍掉，以示矢志求道的誠懇與決心。達摩不能不理了，便回應他的請求。慧可所求的，是要把心靈安頓下來。達摩說：「你把心拿出來，我便爲你安頓它。」慧可便答：「我却總不能找到自己的心哩。」猛地想到心是靈動的主體性，不能外在化爲對象而被尋找的，便在這刹那間大悟。達摩卽順水推舟，說：「我已經替你把心安頓下來了，」印可了他的覺悟[27]。雪舟的這幀傑作，在欣賞方面來說，有幾點應該注意。一、慧可與達摩師徒二人的表情都很突出，令人留下深刻的印象。慧可是一副苦惱的樣子，確有一種要安心而未能安心的心事。達摩則更爲奇特可愛，他很有金剛怒目與勇猛精進的氣勢，但這氣勢不是迫人的，我們無寧應該說有一種關心與慈悲在裏頭。他對慧可的立雪求安心，顯然不是全然不理，只是時機未到，不能馬上點化而已。二、達摩和慧可的面部，都以精緻細膩的勾勒法繪出，但達摩的白袍，却是剛勁、硬朗而又單純的線條，顯出達摩作爲禪門的開山祖師，是那麼堅毅有力而充滿信心。三、達摩所面對的岩壁，筆法也是剛健、渾厚，這與達摩的性格很相稱。更值得留意的是，左上角的岩壁有兩迴旋處，恰像一雙眼睛，深沉地注視着洞內所發生的事，寓意精妙。

佛陀是禪畫中常見的題材，特別是他覺悟成道後首次露面的那一刹那的姿采。一絲的「出山釋迦」（圖十）是這方面的優秀作品。這幀禪畫的特色在釋迦的那襲素袍上。畫家用潑墨的手法，把隨風飄揚的素袍，描繪得搖曳生姿，單純却充滿動感，也顯示出佛陀悟後的輕快步履。不過，顏容還是有些困乏的神色，這大概意味着經過長期的苦修與冥思，身心都感到疲倦吧。

白隱是一傑出的禪者，其譜系屬臨濟宗。這個宗派講求公案，強調動感。白隱的「菩提達摩」（圖十一）是禪畫中的名作，顯示他心目中的達摩祖師的形象。圖中的達摩是一個年紀老邁的公公，但還是精練活躍，雙目炯炯有神；修長而疏落的眼眉，象徵着經驗與智慧。頭部整個輪廓用淺墨豪放地描畫出來，衣領則用濃墨粗筆，成一強烈的對比。這個畫像予人的印象是達摩雖老而壯，精明幹練，活力過人。達摩畢竟是禪門以至佛門的一代宗師也。

七、禪畫的欣賞：自然景物畫

我們上面說，禪的美可從兩方面說：三昧之美與游戲之美。三昧之美傾向靜態，游戲之美傾向動態。但這動、靜之分，只是相對地說，不能絕對地說。禪的本質在那不取不捨的動動的主體性，它是不能有絕對的靜態的；它表現於三昧中，還是在那裏作動着，不會淪於死寂、僵化。

就禪畫來說，我們上面提到，人物畫傾向表現游戲之美，自然景物畫傾向表現三昧之美。進仍是相對地說。實際上，繪畫這種藝術形式，在表現動態之美或動感來說，有一定的限制，這即是，它是平面的。動感最好能在立體的形式以至具體的活動中表現，才能盡其蘊。禪劇或禪舞應較能表現動感之美或游戲之美，可惜這兩種藝術形式並未流行。不過，就三昧之美來說，繪畫特別是自然景物畫頗能與這種美感相應。對於一幀平面的自然景物畫，倘若這是優秀的作品的話，我們不難與它起對流作用：我的感情移注到畫中，畫中景物的形相流入我的生命中，因而我感到三昧之美。

實際上，一般文人也多是留意禪的三昧之美，而忽略甚至不知它的游戲之美。如《竹莊詩話》論禪詩，便說：

幽深清遠，自有林下一種風流。㉘

這是以「幽深清遠」的靜寂狀態來說禪的風流美感。唐朝大詩人王維號稱「詩佛」，可見他是以佛意入詩，他的詩更特別被視爲具有禪味。他的幾首代表作：

空山不見人，但聞人語響，返景入深林，復照青苔上。㉙

木末芙蓉花，山中發紅萼，澗戶寂無人，紛紛開且落。㉚

人閑桂花落，夜靜春山空，月出驚山鳥，時鳴春澗中。㉛

都是描繪恬靜閑素的一面，由「不見人」、「無人」到「人閑」，都在烘托一種不食人間煙火的氣氛。明代的鍾惺更說：

> 我輩文字到極無煙火處，便是（禪家）機鋒。㉜

這裏直以不食人間煙火來說禪機，當然是有問題的。不食人間煙火傾向於靜態的三昧一面，禪機則是大機大用，是極富動感的「游戲」㉝。不過，鍾惺以靜態一面來看禪，却是明顯不過。柳宗元的一首說禪堂的詩，也極盡描繪禪的萬賴靜寂、幽深清遠之能事：

> 發地結菁茆，團團抱虛白。山花落幽戶，中有忘機客。涉有本非取，照空不待析。萬籟俱緣生，窅然喧中寂。心境本同如，鳥飛無遺迹。㉞

整首詩充滿着深遠寂寥的氣氛。「幽戶」、「忘機」、「心境同如」、「無遺迹」，都是禪寂的很好的描述語。「涉有本非取，照空不待析」句，很堪注意。前一部份表示涉足於現象世界（有），但不對之取着，這是不取。後一部份則表示本着空的立場來照見現象世界，却不加以判斷、關注，這則有捨離意。禪對世界的整個態度，是不取着也不捨離，這裏則只強調不取着一面，其捨離趨寂的傾向，至爲明顯。

對於禪的美學情調，不只古人強調它的靜態的或三昧之美，今人也是一樣。葛兆光在其《禪宗與中國文化》中說：

> 禪宗重視的是現世的內心自我解脫，它尤其注意從日常生活的細微小事中得到啓示和從大自然的陶冶欣賞中獲得超悟，因而它不大有迷狂式的衝動和激情，有的是一種體察細微、幽深玄遠的清雅樂趣，一種寧靜、純淨的心的喜悅。㉟

又說：

> 禪宗追求自我精神解脱為核心的適意的人生哲學與澹泊、自然的生活情趣。㊱

所謂「體察細微、幽深玄遠的清雅樂趣」」、「寧靜、純淨的心的喜悅」、「適意的人生哲學」與「澹泊、自然的生活情趣」」，云云，都直指禪的幽深清遠的靜態的美感，在這種美感中，心平如鏡，沒有衝動與激情。

這些說法，對禪的靜態的美，都理解得不錯。以下我們卽選一些自然景物的禪畫爲例，看看它們的三昧之美。

牧谿的「柿」（圖十二）是禪畫中極受推崇的作品。在這幀傑作中，只繪畫了六個柿子，周圍都是空間，沒有別的東西。對於這幀作品的欣賞，我們可留意以下諸點：一、六個柿子的外形都各自不同，有扁身的，有橢圓的，有高身飽滿的，也有近方形的。用墨也各各不同，由近乎全黑到偏黑、半黑，以至灰白。這些靜物雖然形相各自不同，但看者不會有參差雜亂的感覺。反之，由於用墨濃淡得宜，它們擺放在那裏，一方面各有自己的姿采，一方面也共同洋溢着生氣與生機。雖是靜物，其動感却是呼之欲出。這姿采與動感使每一個柿子都具有不可被替代的價值。這在哲學上來說，是異中有同，靜中有動，因而同異相融，動靜一如。二、六個柿子擺放在那裏，却又沒有任何東西承托它們。這表示個體物四無依傍，其存在是依於自己的自體。但佛敎或禪是不容許物事有其自體的，這樣，這幾個個體物的存在性只能依於創作者和欣賞者的審美主體，這審美主體是那不取不捨的動進的主體性在藝術方面的表現。故我們可以說，在這幾個傾向於靜態的柿子中，有靈動的主體性隱藏在裏頭。三、靈動的主體性與畫中的柿子的關係，正是對流關係。主體性的情感流注到柿子中去，而柿子的多采多姿的形相也被吸納到主體性中來，因而有移情作用，而成就美感經驗。四、畫面上只有六個柿子，其餘一無所有，只是虛空一片。這虛空很堪注意，它可以很富啓發性。通過虛空，柿子的形相被突顯出來。它們顯然是擺放在那裏，在桌子上。但却沒有桌子。雖無桌子，只有虛空或虛無，而桌子的存在與承托的作用却又是呼之欲出。這正是無中有用，無中有路。禪的深玄微妙，在這裏可以見到㊲。

「柳燕」（圖十三）是牧谿的另一傑作。畫面只繪畫了兩種東西：燕子與柳葉。燕子在柳葉下面展開翅膀逆風飛翔。雖只有寥寥幾條柳枝，但生機旺盛，結生的柳葉可不少，而成叢狀。由於用墨濃淡不同，叢狀的柳葉並未予人混亂的感覺，反而帶來一種立體感，由近而遠。燕子在下面飛過，姿意適然，自由無礙。這又是善於運用空間來突顯主題事物的作品。這一幀平面作品，除了充滿美感外，也很有動感。燕子在飛翔中的無礙自在的性格，甚能與那不取不捨的靈動的主體性相應。柳葉在上面爲風勢所拂，搖曳生姿，更增加了畫面的動感。從技巧方面來說，燕子與柳葉都寫得生動突出，藝術性很高，讀者的眼光易爲它們的生動的形象所吸攝。

玉澗的「山市晴巒」（圖十四），是「瀟湘八景」之一。這是破墨與潑墨兩種方法結合的成果，筆峯沾着濕墨，以極快的速度寫成。倘若說禪畫的特點是幽深、玄遠、脫俗、瀟脫、自然的話，則這幀傑作可說同時具有這幾種特點。不過，這些特點或性格是不能相互分離開來的，它們的意思也相互包涵。進一步說，它們都流自同一的根源，這卽是那不取不捨、自在無礙的心靈的動進性。一方面，這是一幀平面的作品，用墨的濃淡與疏密，很能烘托一種幽深清遠的氣氛，吸引了欣賞者的目光。另外，作畫者很能掌握水墨畫的長處，利用水與墨的適當混合，再加上中國宣紙的那種吸水性能，把遠近景色，描繪得很有鬆化感。生命與生機的氣息，便從這鬆化感中洋溢出來。筆法的純樸、自然與輕快，更增加了作品的生命力量。

作畫者也很能利用空間與虛實相涵的關係，於是河水、小徑、山谷，都以空間來表示，依空以顯有，於是有在空中，空不壞有，却是成全了有。這是意味深長的佛教哲理。

李唐的兩幀「山水」（圖十五、十六），描繪崇山峻嶺、溪流瀑布，花木盤枝。其寫法不完全是破墨或潑墨，却有斧劈的筆跡。牧谿的「柿」與玉澗的「山市晴巒」都以空間作背景，以突顯主題。這兩幀傑作不是以空間作背景，却是以山嶺作背景。不管是空間抑是山嶺，都具有同一的作用，卽是，人在一個大的背景下，精神與感情可以上下左右自由自在地舒展，而感到優閑適意。在李唐的這兩幀作品裏，便放一兩個人來指點這種感覺。這種配置的美學效果是，欣賞者除了覺得畫中的人游心於大自然的山水之間，有林下風流之感外，彷彿自己也分享了這種經驗，而感到情怡意適，這便有移情的意味了。

日本的自然景物禪畫基本上是承繼中國的。周文的「竹林展書讀」（圖十七）便很有馬遠、夏圭與李唐他們的風格，寫法有斧劈的筆跡。畫中的人坐在茅草搭成的小室靜讀，小室傍着山岩的低處築成，四邊有樹林草叢，對面有遠山和疏落的房屋，中間隔着一條河流。整個畫面予人的印象是寧靜、澹泊，很有不食人間煙火的出世的脫俗感。這種氣氛很能反映出禪的靜寂、適意的三昧的一面。這自然是很理想的讀書進修的環境，日本的文人畫也常有以這種環境爲題材的，因而稱爲「書齋畫」。這種畫實在很能顯示一種適意的人生哲學與澹泊、自然的生活情趣。

賢江祥啓的「山水」（圖十八）是一幀清新硬朗的作品。畫面的構圖完美有緻，大路的盡頭處是兩堆岩丘對向着擺在那裏，後面是房宅。這兩堆岩丘，一高一低，上面生滿樹林，好像相對峙着，也好像相呼應。一個書生帶着他的書僕蹣跚而歸。大路對開是一條迤邐的溪水，隔着溪水的對面，有近山，也有遠山，中間隔着樹叢。這也是一幀書齋畫。不過，與上面周文的「竹林展書讀」比較，後者朦朧有緻，賢江祥啓的則是清新可喜，看後使人感到舒暢。這幀作品構圖清晰，用筆遒勁有力，近山遠山的透明度都很高，它很明顯是講究視覺上的美感的。這裏我們可以提出一個問題：禪給一般人的印象——起碼其中的一個印象——是超越言說與事相的，它要人越過言說與事相的相對性，去直探它的絕對的內在的消息。視覺上的美感屬於事相層面，與禪是不協調的；因此，一幀講究視覺上的美感的畫，怎能算是禪畫呢？我們的答覆是，禪固然是教人要超越言說與事相，以直接體證那絕對的究極的消息或眞理。但它並不排斥事相，只是不爲事相所束縛而已。它是讓事相還歸事相，讓世界還歸世界，「水自茫茫花自紅」㊳，它是不取不捨事相的。在這個意義下，禪並不排斥視覺上的美感，反而可包容它，使世界的內容，更爲充實飽滿。

相阿彌的「山水」(圖十九)是一幀很有特色的作品。畫家把破墨法運用得很好，給人一種淋漓、灑脫和無執取的感覺。這是一個風雨的畫面，一個人匆匆走上獨木橋，顯然是要趕回家裏。屋頂在叢林後隱約可見，這便是旅遊人的家了。畫家又一次技巧地運用空間來指點出河水、雲霧與山與山的連結。畫面上沒有一絲水滴的影子，觀賞者却可以感到到處都是水：遠山與圍繞着居屋的樹叢，都是風雨，雨水從岸上衝流到河中，河中的水也衝擊着石塊。畫面上的動感，都是由不着痕跡的雨水帶出來的。

八、關於久松眞一對禪的美感的看法

對於禪的美學情調或美感較有系統性研究，而又有自家看法的，當首推久松眞一。他的禪的美學觀對西方思想界有一定的影響，這影響有更甚於鈴木大拙者。以下我們要探討一下久松的這種禪的美學觀，以結束全文。

久松的禪的美學觀，要從他的禪文化的觀念開始。他高度評價禪的價值，並重視禪對文化的影響。他把受到禪的影響的文化項目，羅列起來，稱爲「禪文化群」。這包括：宗教、哲學、倫理、作法、諸藝、文學、書畫、建築、造庭（庭院）、工藝等。他認爲這些不同的禪文化的表現，都有其共通的性格。這共通的性格有七項：不均齊、簡素、枯高、自然、幽玄、脫俗、靜寂。他並強調這七個性格不能相互分離，而是渾然地不可分的[39]。另外，他又說，這七個性格也是茶道的特色[40]。對於這七個性格，他又特別關連到禪藝術方面來說[41]。不過，並不是只有這七個性格，才能關連到禪藝術或禪的美學方面，他也曾以下列的表述式，來描述禪美學的特性：脫俗的、蒼古、空寂、幽閑、閑寂、古拙、素樸、沒巴鼻、沒滋味、也風流、端的、灑脫、無心、孟八郎、傲兀、風顚、擔板、清淨[42]。

禪文化成立於何處呢？或者說，禪文化的基礎是甚麼呢？久松以爲這應該從禪的本質說起，而這又要從禪作爲一實踐的宗教說起。久松認爲禪是人對其眞正的自己亦即無相的自己的自覺。所謂「見性」即是對無相的自己的自覺。這種見性有消極的與積極的涵義。久松說：

> 人依於對這無相的自己的自覺的必然性，在消極方面，擺脫現實的一切繫縛；在積極方面，處身於現實的一切中，不為它們所繫縛，而起無礙自在的作用。[43]

久松以爲，禪文化即成立於這無相的自己在有相的事物中的自己表現中。倘若沒有了對這無相的自己的自覺，即不能有禪文化[44]。

久松的意思很清楚。禪文化的本質或基礎，在這無相的自己。他是肯認禪是有一主體性的，它是能動的，是一切作用的主體㊺。它的特性是無住，故又稱為無所住的主體性㊻。久松以「無」一理念來說這主體性，視之為東方哲學與宗教所特有的主體性，而稱之為「東洋的無」㊼。這東洋的無，便是他所時常提起的無相的自己或無相的自我。

這無相的自我應如何理解呢？對於「無相」與「自我」，我們都應謹慎了解。無相出於《壇經》，是不取著於事相之意，不於事相上起執之意。自我自不應是佛教一貫所要否定的那個個別我，所謂「諸法無我」的我，或「無常、苦、空、無我」的我㊽。久松自然沒有這個意思，他是具體地透過「身心脫落」的實踐來說無相的自我的。他說：

> 「身心脫落」只指無相的自我，不指其他東西。這無相的自我把身體與心靈脫落開來，它是在我的身體與心靈脫落下來的脈絡下的我的自我。這「自我」不同於那一般的「自我」，後者是與其他的自我對比着說的。這實在是那把一般的「自我」消棄掉的自我。……禪的無相性並不是沒有相狀的那個概念，卻是那沒有相狀的自我的真實存在。㊾

所謂身心脫落，是要從身體和心靈或身我與心我的二元對比中脫卻開來，不以身為我，也不以心為我，不管它是經驗的心或思想的心。以身心脫落來說無相的自我，目的是要指點出那個不執取於身相與心相、不為身相與心相所束縛的敻然絕待的主體性。這是人人具足的眞我、自我。

久松以為，這無相的自我即是禪，或者說，是禪的本質。如上所說，禪文化的基礎，在這無相的自我。這當然包括禪藝在內。久松更進一步強調，上面提到的禪藝以至禪文化群的七個性格，有其必然性。理由是，禪藝或禪文化所立根的無相的自我有七個面相，這卽是：無軌則、無錯綜、無位、無心、無底、無障礙、無動蕩。而這七個面相，正分別與那七個性格相應。這相應的情況是：

1. 無軌則——不均齊
2. 無錯綜——簡素
3. 無位——枯高
4. 無心——自然
5. 無底——幽玄
6. 無障礙——脫俗
7. 無動蕩——靜寂㊿

無相的自我的七個面相既與這七個性格相應，我們亦可以說，由於禪文化或禪藝是無相的自我的自己表現，這七個性格亦可說是無相的自我的性格。

就禪畫一點來說，禪畫是禪藝的一個項目，它所要表現的，依久松的說法，自是那無相的自我。而無相的自我有那七個性格，因此禪畫亦要表現或透露這七個性格。而我們估量一幀美術作品，看它能否算是禪畫，亦要就這七個性格看，卽是說，能透露這七個性格的，便是禪畫，否則便不是禪畫。這七個性格是有美感的，因此，能透露這七個性格的禪畫，都有美感。由於這七個性格都是關連到那同一的無相的自我，因此，它們所產生的美感應該是一種綜體式的美感，是整一的美感，而不是散開而為七方面的美感。我們在上面也曾提到，久松以為這七個性格是不能相互分離的，而是渾然地不可分的。因此，禪畫的美感，也應是綜體式的美感，不是散列而爲七面的美感。實際上，美感應是一刹那間總體地掌握的。

至於無相的自我的七個面相和分別與它們對應的七個性格，其意思都很淸楚，讀者看了應能自明，爲省篇幅計，我們這裏不擬多作解釋了。以下我們要評論一下久松的這種禪的美感觀。這可分以下幾點來說。

一、久松以不均齊、簡素、枯高、自然、幽玄、脫俗、靜寂七個性格來確定禪藝，或禪的美感，而這七個性格又與作爲禪的本質的無相的自我的七個面相——無軌則、無錯綜、無位、無心、無底、無障礙、無動蕩——分別相應。這種精巧的安排，表面看來，很有吸引力。特別是他提到禪藝的七個性格有其必然性，因它們與無相的自我的七個面相一一對應，這好像很有理路，很有邏輯性。不過，深一層看，這種說法不無問題。問題在無相的自我的這七個面相是否有必然性。就久松所列出的那七個面相言，無位與無底的涵義很相近，我們是否可以把這兩者歸納爲一個面相呢？又我們是否可以在這七個面相之上，再加上一兩個面相，如自在、自主呢？此中似乎沒有理由說不可以。倘若是這樣，則無相的自我的七個面相中的「七」，作爲列述這些面相的數目，便沒有必然性。面相的數目沒有必然性，則由於那些性格是與面相相對應的，故性格的數目也不能說必然性。這樣便變成，確定禪的美感的性格，可以是七個，六個，也可以是八個，或其他數目。當禪的美感可以透過數目不定的性格來確定時，則在關連到禪的美感方面來說，那些數目不定的性格便變成不重要了，因而不能作爲判斷有否禪的美感的評準。重要的是甚麼呢？很明顯，是那些數目不定的性格所共同反映的禪的質素，或特質，以至本質。久松以無相的自我爲禪的本質，我們這裏則以那對現象世界不取不捨的動進的主體性爲禪的本質。以無相的自我來說禪的本質，是有問題的。關於這點，在下面會有詳論。我們這裏要說的是，無相的自我的那七個性格不能有效地反映禪的美學情調，因爲這些性格的數目沒有必然性，有鬆散之嫌。而久松亦未有直接表示以無相的自我自身作爲判斷禪的美感的標準的可能性。因此，對於如何判斷禪的美感一問題，在久松的說法中，終難有妥善的回應。我們這裏則以能否反映心靈或主體性的靈動機巧性、動進性作爲判斷是否有禪的美感的標準。就禪畫來說，這靈動機巧性或動進性可表現於人物畫中，而成就游戲之美，亦可表現於自然景物畫中，而成就三昧之美。

事實上，久松對於他所提出的關連到禪的美感的那七個性格的鬆散性，並未明顯地意識到。這由他以另外一堆表述式來描述禪的美學的特性一點見到。如上所述，這些表述式是脫俗的、蒼古、空寂、幽闃、閑寂、古拙、素樸、沒巴鼻、沒滋味、也風流、端的、灑脫、無心、孟八郎、傲兀、風顚、擔板、清淨。這些表述式中，有些在意思上與那七個性格重疊，如幽闃與幽玄，閑寂與靜寂，素樸與簡樸，灑脫與脫俗，無心與自然，等等。有些則是七個性格所未包含的，如蒼古、沒巴鼻、也風流、傲兀、風顚、擔板等等。這些未包含在七個性格中的表述式，顯然否定了七個性格的必然性。這是他的說法的不協調之處。

二、久松強調的禪藝或禪的美感的七個特性，都是傾向靜態涵義的。這些特性只能反映禪的靜態之美，或我們所說的三昧之美。它們很缺乏動感的意味，因而不能反映動感的美，或我們所說的游戲之美。倘若我們接受禪的美感有靜態的與動感的兩面的話，則久松顯然忽略了禪的動感的美。

倘若我們不談禪的動感的美，只強調它的靜態的美，則在美學情調來說，禪與道家特別是《莊子》便很難區別開來[51]。《莊子》強調要同彼此，齊物我，游心於太和，與天地精神相往來。這些說法，顯示心境相忘的境界，足以構成美感，成就文學與藝術。實際上，《莊子》的心靈是美學的，審美欣趣的。這種美感是靜態的，而不是動感的。《莊子》的思想，是一種哲學，而不是宗教；它的理想，是要達致主體自由的逍遙境界，其方法是與世界保持距離，以審美的眼光，靜觀世界的遷流變化[52]。它對世界未有濃烈的關懷，因而也無採取具體的行動以轉化世界的意圖。不採取具體的行動，便不能說動感。關於這點，它的坐忘思想表示得很清楚。《莊子》大宗師篇謂：

墮肢體，黜聰明，離形去知，同於大通，此謂坐忘。

肢體、聰明、形、知都是（經驗）世界的事。否定這些東西，卽表示不涉足世界。這種消極態度，自然難說動感。

就靜態的美學情調來說，禪與《莊子》是相通的。久松提出的禪的美感的七個特性，也可說到《莊子》方面去。實際上，七個特性之一的自然，也是《莊子》思想的根本性格。故如不強調動感的美，禪與《莊子》的美學情調便很難區別開來。

三、上面說，久松以禪的本質是無相的自我，包括禪藝在內的禪文化，其基礎在這無相的自我。這是我們的生命存在的本來的自己，眞正的自己。本文所着重的禪畫，也不外是畫家透過繪畫的藝術形式，表現他的無相的自我而已。現在我們的問題是，禪的本質，能否恰當地稱爲無相的自我呢？或者說，無相的自我能否恰當地規定禪的本質呢？

我們上面已提到，禪的本質，在於那一對於現象世界不取不捨而恆常起作用的動進的主體性，或者說，在於這樣的主體的動進性。主體不以存有的形態說，而以活動的形態說。存有(being)可以是靜態的，活動（activity）則必定是動態的。這點非常重要。禪的本質或特質，端在動進的主體性方面；一切大機大用、靈動機巧，都要在動進的主體性的確立的脈絡下說。靜態的存有義的主體性決不能說機用。《壇經》的無一物、無念、無相與無住，都直指向這主體性的動進性。無一物是說這主體性或心靈不作爲一物事被機械地、光板地置定在一個位置，不管是超越的位置，抑是經驗的位置，因爲它是動進的；若被置定下來，便成靜態[53]。無念是於念想中不取著於念想。這不是完全不起念想；倘若完全不起念想，心靈便成死寂。卻是念而無念相，不執取念相，這樣便能念念自由，常用不弊。無相是不取著於物事的形相。能不取著於物事的形相，便不會爲任何物事的形相所約束，因而能游於一切物事的形相之間，了無滯礙。無住是不住着於一切概念、思維以至事相。唯其能無住，心靈才能不停地活轉，自由無礙地作用。若有所住，卽使是住於空如眞理，也成束縛，不得自由[54]。

無一物、無念、無相與無住都直指向禪的本質——不取不捨的主體性的動進性。久松的「無相的自我」，以無相來說這自我或主體性，是否最恰當呢？我們不能無疑。無念、無相、無住這三無的涵義，雖各有所重，亦各各相涵。不過，就對應於不取不捨的主體性的動進性來說，無住應是較恰當的，它的實踐的意味也最濃厚。在實踐上能無住著於任何對象，便能在對象世界中任運流通，隨意拈弄，轉化衆生，游戲三昧，成就大機大用，把動進性發揮至充實飽滿。所謂無住著於任何對象，可以是無住著於念想，這是無念；也可以是無住著於事相，這是無相。故無住在實踐上，可概括無念與無相。久松說無相，來來去去都是沒有相狀（formless）的意思，不如無住般具有豐富的涵義，包括實踐的涵義在內。

另外一點是，如上所說，慧能眞正開悟的契機，是聽五祖弘忍講《金剛經》至「應無所住而生其心」的那一瞬間。這顯示無住這一義理對覺悟有無比密切的關係。禪是覺悟的學問，自應特別重視無住。

故我們以爲，就禪的本質來說，說無相的自我並不太恰當，應說無住的主體性。當然也可以說無的主體性，這便把無一物、無念、無相，再加上無住，都概括在內了。而如上所說，無住或無，並不止限於消極的不住著、不取著的意思，它也有積極的意思，這卽是不捨棄（世界）。故我們說禪的本質是那對世界既不取著也不捨棄的動進的主體性。

附註

❶ 在這方面的一些代表作，可列如下：

Barnet, S. & Burto, W. *Zen Inkwash Paintings*. Tokyo: Kodansha, 1982.
Brasch, H. "Zenga: Zen Buddhist Painting," *Oriental Art*. Vol. Ⅵ, No. 2.
Brasch, K. *Hakuin und die Zen Malerei*. Tokyo, 1957.
Brinker, H. *Zen in the Art of Painting*. Routledge & Kegan Paul, 1987.
Grosse, E. *Ostasiatische Tuschmalerei*. Berlin, 1923.
Munsterberg, H. *Zen and Oriental Art*. Tokyo: Charles E. Tuttle Comp., 1965.
Seckel, D. *Buddhistische Kunst Ostasiens*. Stuttgart, 1957.
Sirén, O. "Zen Buddhism and Its Relation to Art," *Theosophical Path*. Oct. 1934.
Waley, A. *Zen Buddhism and Its Relation to Art*. London, 1922.

日本人寫的或譯成英文的則如下：

Awakawa. Y. *Zen Painting*. Tr. by J. Bester. Tokyo: Kodansha, 1977.
Hisamatsu, S. *Zen and the Fine Arts*. Tr. by G. Tokiwa. Kyoto, 1958.
Suzuki, D. T. *Zen and Japanese Culture*. New York, 1959.
Tanaka, I. *Liang K'ai*. Kyoto, 1957.

❷ 參見註❶。

❸ 俱收入《久松眞一著作集》中，東京：理想社，一九七○。

❹ 東京：創文社，一九七四。

❺《大正藏》四八．三四九上。

❻ Idem.

❼《大正藏》四八．三四八中。

❽ 這裏所說的心，實相當於《壇經》所說的佛性、自性。心或佛性、自性有種種妙用，關於這點，參看本書另文〈壇經的思想特質——無〉。又這裏我們說心具有恆常的動進性，是一動進的心或主體性。久松眞一把這心稱爲「無相的自我」(Formless Self)，也稱爲「根本的主體」(Fundamental Subject)和「無」(Nothingness)(S. Hisamatsu, *Zen and the Fine Arts*, tr. by G. Tokiwa, Kyoto, 1958 p.50.)他又以爲這絕對地是無的根本的主體永不能是靜態，而是恆常地在起動狀態中的。(Ibid., 頁五一)久松的這種看法，與我們的甚爲相近。

❾《大正藏》四八．三五二下—三五三上。

❿《大正藏》四八．三六二中。

⓫《大正藏》四八．三五〇下。

⓬《大正藏》四八．三六一上—中。

⓭ 關於心對世間的不取不捨一點，可更參考另文〈壇經的思想特質——無〉。

⓮《大正藏》四八．三五八下。

⓯《大正藏》四八．二九二下—二九三上。

⓰ 關於克羅齊的美學理論，參看 B. Croce, *Aesthetic*. Tr. by D. Ainslie. New York, 1922.

⓱ 禪籍中多次提到大死的問題，特別是公案禪的《碧岩錄》，以爲這是獲致眞正的生命的必經的辯證歷程。《碧岩錄》謂：「須是大死一番，却活始得。」(《大正藏》四八．一七九上)又謂：「舉。趙州問投

子：大死底人，却活時如何？投子云：不許夜行，投明須到。」（《大正藏》四八・一七八下）

⑱ 禪寂、枯禪這些字眼常見於禪籍中，表示禪者未在世間起機用而仍在三昧或定中作工夫的狀態。「只管打坐」則是日本道元禪師所提倡的打坐方式，敎人忘却一切，只專注於打坐的修習中。

⑲ 有關廓庵的《十牛圖頌》的詳盡的分析與討論，參閱拙文〈十牛圖頌所展示的禪的實踐與終極關懷〉，載於本書。

⑳ 久松眞一：《禪と藝術》，《久松眞一著作集》五，東京：理想社，一九七〇，頁二五六。

㉑ Ibid.，頁二五五。

㉒ 對於怎樣繪一幀禪畫，久松眞一提出他自己的看法。他認爲一個人爲了繪一幀菩提達摩像，首先必須使菩提達摩的性格，成爲他的性格；然後以一種恰當的技巧，去描劃這些性格。他並認爲使菩提達摩的性格充量地成爲一己的性格，不是美學的事，而是宗教的事。（Shin'ichi Hisamatsu, "On Zen Art", in *The Eastern Buddhist*, Vol. I, No. 2, Sept. 1966, pp. 23-24.）久松的說法還是不夠。光留意菩提達摩的性格是不足的，因這只是菩提達摩的個別的面相；必須同時也能照顧他的普遍的面相，這即是禪的本質或精神。

㉓ 《大正藏》四八・二〇八中。

㉔ 關於氣韻生動，徐復觀有詳盡而深入的論述，參看他的《中國藝術精神》第三章釋氣韻生動，臺灣學生書局，一九七九年第六版，頁一四四－二二四。

㉕ 關於這段故事，參看《無門關》達摩安心公案（《大正藏》四八・二九八上）。

㉖ 關於寒山與拾得的生平與生命情調，參看拙文〈從哲學與宗教看寒山詩〉，載於本書。

㉗ 這是上註㉕所提到的達摩安心公案。要注意的是，這公案是南宗禪發展出來的，它對心的理解和對安心的

實踐，都是在自家的禪法的脈絡上提出的，與達摩禪法不必相同。達摩禪是否把心理解到靈動的主體性那個程度，是可諍議的。關於達摩禪法，參看拙文〈達摩及早期的禪法〉，載於本書。

㉘ 語出《竹莊詩話》卷二一。本文對舊本古籍，一律不依一般附註，列明出版者、出版年月等項。

㉙ 鹿柴，輞川集，《王右丞集箋注》卷一三。

㉚ 辛夷塢，輞川集，《王右丞集箋注》卷一三。

㉛ 鳥鳴磵，皇甫岳云谿雜題五首，《王右丞集箋注》卷一三。

㉜ 《隱秀軒文》往集答尹孔昭。

㉝ 關於禪機，參看拙文〈十牛圖頌所展示的禪的實踐與終極關懷〉，載於本書。

㉞ 禪堂，巽公院五首，《柳河東集》卷二八。

㉟ 葛兆光：《禪宗與中國文化》，上海人民出版社，一九八六年第一版，一九八八年第四次印刷，頁一二一。

㊱ Ibid., 頁一三〇。

㊲ 關於禪畫中的虛空或空間的意義，德國學者何力克(Eugen Herrigel)有很好的體會，他說：「空間在禪畫中總是不動的，却又在動感中。它儼然活着和吸收着，它是無形相的，是空的，却又是所有形相的根源，它是沒有名字的，却又是每一物事都具有名字的原因。便是由於空間的關係，物事都具有一種絕對的價值，都是平等地重要的和有意義的，和是那在它們中間流注着的普遍的生命的展示者。這亦表明禪畫預留大量空間的深遠的意義。那些未有被提舉出來的，未有被說及的，較諸那些被說及的，更爲重要和更具有說明性。」(Eugen Herrigel, *The Method of Zen*, New York, 1960, pp. 69-70.) 另外，有關牧谿的「柿」一作品的欣賞問題，可參考 Hugo Munsterberg, *Zen and Oriental Art*, Rutland, Tokyo: Charles E. Tuttle Comp., 1965, pp. 37-38.

㊳ 這是廓庵禪師的《十牛圖頌》第九圖頌中的一詩句，其意是對現象世界的物事，不作對象看，不把它們對象化，却是要還它們一個本來面目，而如如觀照之。參看拙文〈十牛圖頌所展示的禪的實踐與終極關懷〉。

㊴ 久松眞一：〈禪と文化〉，載於《禪と藝術》一書中，頁三一一三二。

㊵ Cf. his "The Nature of Sadō Culture", in *The Eastern Buddhist*, Vol. III. No. 2, Oct. 1970, pp. 9-19. 〉。

㊶ S. Hisamatsu, *Zen and the Fine Arts*, p. 53.

㊷ S. Hisamatsu, "On Zen Art", *The Eastern Buddhist*, Vol. I, No. 2, Sept. 1966, pp. 32-33. 這裏有些表述式不易明白，我們要作些疏解。沒巴鼻即不可測量之意，端的即直接，孟八郎指不受約束的人，擔板指不屈不撓的氣概。

㊸ 〈禪と文化〉，頁三二。

㊹ Ibid., 頁三三。

㊺ S. Hisamatsu, "The Characteristics of Oriental Nothingness," *Philosophical Studies of Japan*, Vol. II, p. 88.

㊻ Ibid., 頁八五。

㊼ 東洋的無是久松的思想體系的核心概念，這應該說是一理念。在《久松眞一著作集》中，其第一册即題爲「東洋的無」。久松亦由於闡發這個理念，而被人稱爲「東洋的無的哲學家」。

㊽ 「諸法無我」與「無常、苦、空、無我」都是原始佛教的重要教法，表示世間事相的眞相或性格。

㊾ S. Hisamatsu, *Zen and the Fine Arts*, p. 48.

㊿ Ibid., 頁五三一五九。

51 《莊子》一書有內篇、外篇與雜篇三部份。一般的說法以外篇與雜篇爲後學所作，只有內篇是莊子本人所作，或代表莊子的思想。我們這裏說「莊子」，是就那本書來說，不就其人來說。這是由於我們不想牽纏考證的問題的緣故。

52 關於《莊子》的美學情調，參看徐復觀著《中國藝術精神》，第二章中國藝術精神主體之呈現，頁四五—一四三。

53 這裏說靜態是就絕對的眼光說，與上面說三昧的靜態美感的靜態不同，後者是就相對的、對比的眼光說。

54 無念、無相與無住是《壇經》的三無實踐。關於這三無實踐的詳情，參看筆者另文〈壇經的思想特質——無〉。

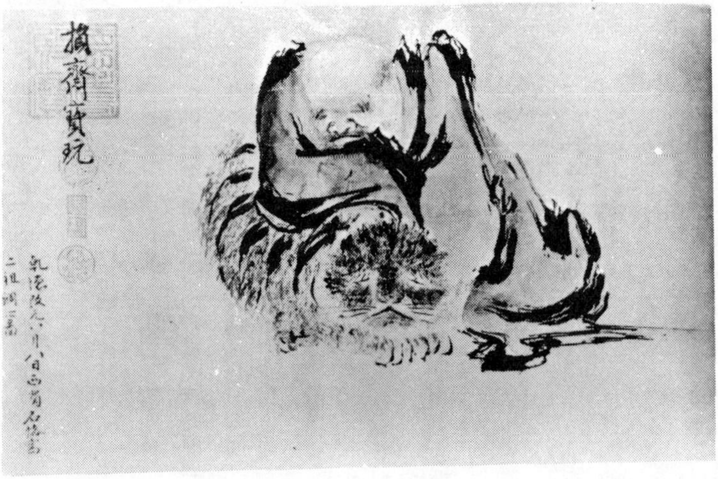

［圖一］ 石恪：二祖調心圖

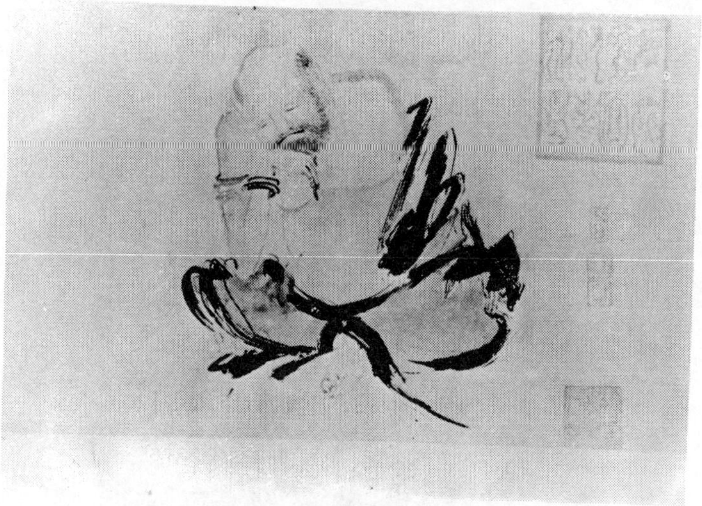

［圖二］ 石恪：二祖調心圖

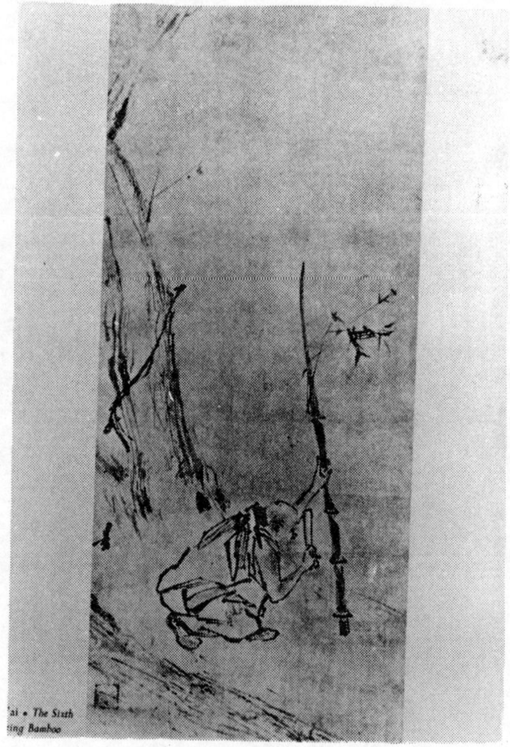

［圖三］　梁楷：六祖截竹

［圖四］　梁楷：六祖破經

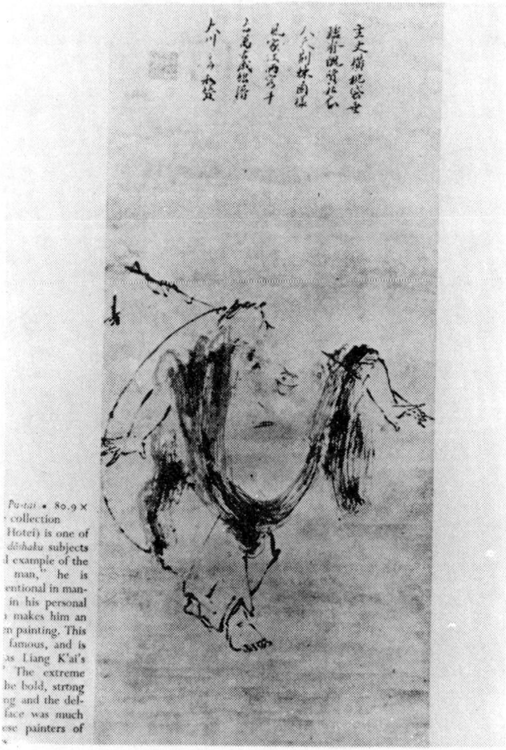

Pu-tai • 80.9 ×
collection
Hotei) is one of
dōshaku subjects
l example of the
man," he is
entional in man-
in his personal
makes him an
n painting. This
famous, and is
as Liang K'ai's
' The extreme
he bold, strong
ng and the del-
face was much
se painters of

［圖五］ 梁楷：布袋和尚

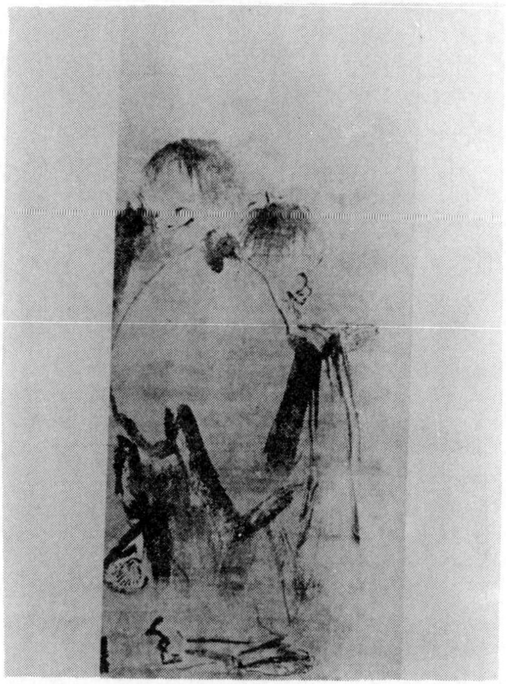

［圖六］　梁楷：寒山與拾得

［圖七］ 梁楷：潑墨仙人

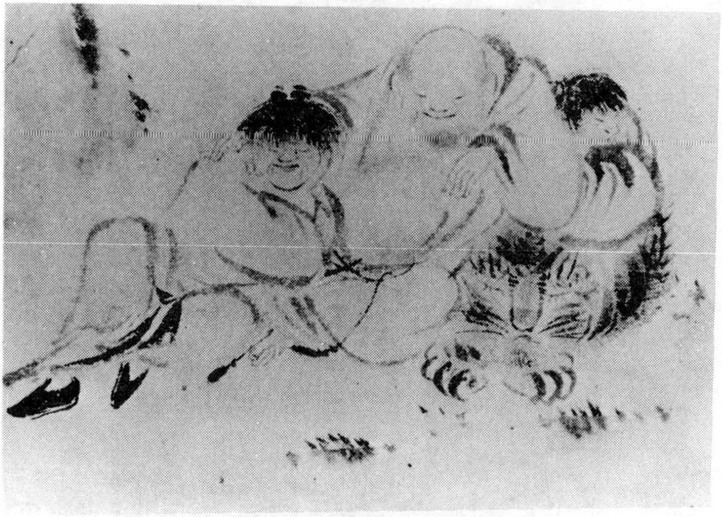

［圖八］ 默庵：四睡圖

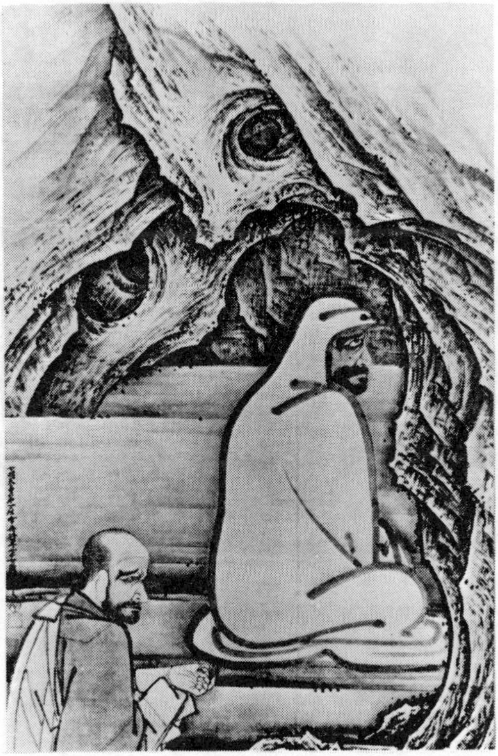

［圖九］ 雪舟：慧可斷臂

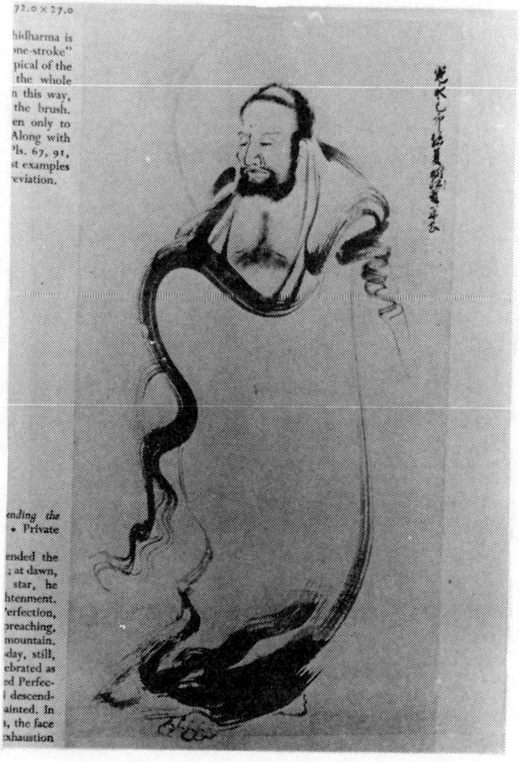
72.0 × 27.0
hidharma is
ne-stroke"
pical of the
the whole
n this way,
the brush.
en only to
Along with
Pls. 67, 91,
st examples
eviation.
ending the
• Private
ended the
; at dawn,
star, he
htenment,
Perfection,
preaching,
mountain,
day, still,
ebrated as
ed Perfec-
l descend-
ainted. In
, the face
xhaustion

［圖十］ 一絲：出山釋迦

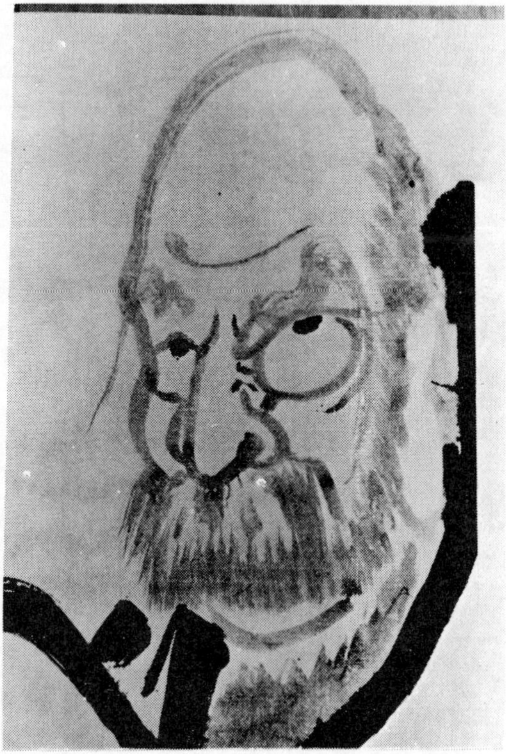

［圖十一］ 白隱：菩提達摩

［圖十二］　牧谿：柿

［圖十三］　牧谿：柳燕

［圖十四］　玉澗：山市晴巒

［圖十五］ 李唐：山水

［圖十六］　李唐：山水

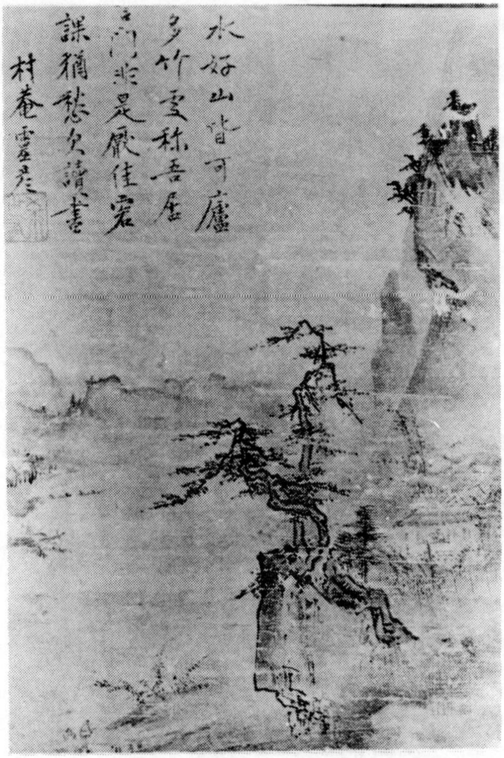

[圖十七] 周文：竹林展書讀

［圖十八］ 賢江啓祥：山水

［圖十九］　相阿彌：山水

這不是禪，却是紅塵緣未了

××法師：

你好。昨天和你談了一個下午，你對要還俗的事，仍是如我們最初幾次談話時那樣自信。最後你又說：「禪不是教人要來便來，要去便去，來去自在麼？我的做法和抉擇，不正是禪麼？」我想了一整晚，覺得你錯了，而且錯得很。這不是禪，却是紅塵緣未了。

大概是十年前的事吧。那個夜晚，我講完校外課程，還記得是有關《心經》的「色卽是空，空卽是色」的問題，和你在皇后碼頭欄邊漫步，月色清明。我忽然感觸起來，說到日前讀到海德格晚年在他的故鄉宣說的一份演講稿，他喟歎現代人在科技文明與物慾膨脹的濃烈的煙氛下，背離了故鄉，忘失了自己，陷入「沒有故鄉的狀態」(Heimatlosigkeit)中。後來我又提到一個人，他叫聖法蘭西斯（Francesco d'Assisi）。我說這個人很有意思，很有個性。他被人生的苦痛煩惱所困擾，最後拋棄家產，獨自流蕩，與一個痲瘋病患者爲友，宣揚耶穌的福音，貧病交迫，孤獨以終。他眞正是一無所有，但也可以說是無所不有。我哼了幾句他的《太陽之歌》的祈禱文，正要繼續發揮這個意思，却見你面色蒼白，悲苦無已，覺得很愕然，便沒有說下去。問你有甚麼心事，你又不肯說。

以後便再不見你來聽課。有人說你失踪；也有人說你離開香港，到臺灣出家爲尼了。我難過了好一陣子，深怕那晚感觸性的談話，對你生起了消極的影響。其後我也離開了香港，這件事便淡忘了。却料不到幾個月前你又出現在我眼前，不是一個清純而又可愛的美麗姑娘，却是一個面上帶着淡淡憂鬱與滄桑的尼師，一身素袍，教我一時如何相認呢？更令我感到無措的是，你和我談的，不是別的，却是還俗的事。我還沒能了解你的出家，却要對你的還俗提供意見，這教我如何回應呢？如何回應呢？

我渾茫了半天，才能定下神來，把你看個清楚。儘管你在掩飾，我還是覺察到你的疲厭感。這十年青燈古佛歲月眞夠你難受了，我想。你不像是那種氣氛的人物。你生命中的青春與華采，應該及時散發開來。這不是甚麼罪惡，倒是不辜負造物主的眷顧。硬要厭抑生命的璀燦，不是太殘忍麼？

你終於委婉而又含糊地交待你的出家和要還俗的因由，原來又是那個情字。你說他本來對你很好，却酒後亂了性子，做出對不起你的勾當，但還繫念着你，內心有無限悔疚。便是由於這繫念與悔疚，他對你撒了大謊，說看清楚你了，不喜歡你了，他找到另外一個人了，叫你走。你無法接受這個殘酷的現實，也不能理解，一時覺得天昏地暗，世界在拋離自己。最後把心一橫，出家求了斷去。而他呢，由於始終繫念着你，故堅貞不貳，一直沒有結婚；由於對你悔疚，故一直提不起勇氣來找你，也覺得你已看破紅塵，找也沒用。

那你爲什麼又要還俗呢？你說本來不知他十年來一直爲你「守節」的，本來想着橫也好，豎也好，總之死了心，伴着青燈古佛，過完這一生便了事。前些時跟師父到香港來做法事，那也很平常，不過是敲木魚、誦經文，超度亡魂的事，也麻木了。怎料那天在靈堂沒事，隨手撿起一份報紙來看，上面分明是一則訃聞，孤哀子欄有他的名字，却沒列媳婦的名字，你要替他母親超度亡魂哩。你感到一片迷茫，思緒如泉水般湧來。最後法事完畢，終於在靈堂後室與他碰個正着，四目交投，開口不得；十年淒苦，湧上心頭。畢竟還是抑制不住，和他抱頭痛哭起來。

你說他終於向你認錯，求你原諒。你也很自信地說，爲了他，你要離開佛門，過日常人的生活。「要來便來，要去便去，來去自在」。

這整個情節，有點像西方式的愛情故事。你的決定很好。不過，我想事情不是那麼簡單。很明顯的一點是，你對還俗的事，好像充滿信心。但從你的神情與語調，我嗅到不淺的疑慮。說實的，你如眞的充滿信心，又何必一次一次的來找我？當初你出家，不是很決絕麼？一聲不響地走了，現在却來找我。你把自己的行徑牽連到禪方面去，更是無稽。爲了開解你的疑慮，使你知道自己在做着甚麼，讓你放心還俗去，我想還是要和你逐點說清楚。

倘若你們的經驗能說是悲劇的話，我想貫徹在這悲劇中的，是「情」這個東西；自始至終都是這東西在作怪。佛教和禪所謂「情見」、「情執」、「情量」、「情謂」，都直指向對這個東西的不善處理和由之而來的惡果。我們通常說的癡情，指心理上的癡戀；我們若爲某些對象所吸引、牽引，致在心的知見上被它所束縛、蒙蔽，便成癡情，這可導致行爲上的差錯與橫逆。本來，才、情、氣是生命的三個面相；生命的芬芳與光采，總是在這些方面發的；但若處理得不好，在心上把持不住，才會變成恃才傲物，情會使人感情泛濫或萎靡，氣會導致意氣用事。這三者又相互影響，有密切的關連。此中有很多道理可說，但我都不說了，否則你會埋怨我在說教哩。

你的出家，在我看來，根本不必要，也不恰當。你們本來好好的，怎麼他說了不喜歡，叫你走，你便橫逆起來呢？佛教與禪雖說世事如幻如化，如鏡花水月，但那是從究竟的角度來看的；在一般的現實層面，它們還是強調緣起的義理，重視事物成壞的因由。你怎麼不從這方面想想，向他問個清楚呢？你顯然是心裏有情，有癡情在橫逆，使自己失去理智，不能控制自己，致矯起情來，要遁入空門。空門不一定不好，也不必說遁，但不適合你，它對你來說是假象而已。你的師父也應負些責任，他不應該一下子便收容你。他收容你，只是淺薄的慈悲。佛寺與禪院不是避難所；起碼在一般情形下，不是這種性質的東西。人生有很多憂悲苦惱的事，自也包括由癡情引起的。倘若這些東西來了，大家都不承當，都像你那樣，躲到佛門去逃避，那些師父們豈不要疲於奔命，整天招呼他們麼？更重要的是，消極的逃避，能解決問題麼？身伴青燈古佛，心却繫念紅塵，身心破裂，有甚麼用呢？

你一定會問我：在當時的處境，應該怎樣做呢？我想你首先要向他討個明白。倘若他死要瞞你，便眞的對他死了心吧。天下間好的男兒多着哩，爲甚麼要獨鍾情於他，放他不下？卽使沒有愛情，人間還有很多寶貴的東西，令你充實飽滿。想想莫札特吧。他的遭遇比你慘多了；他爲人看不起，玩弄，窮病潦倒。但他的音樂，總是那麼嫵媚與明朗，溫暖着憂傷的靈魂。生命的苦杯，他都能一口嚥下，昂起頭來做人，何嘗會起橫逆與顚倒？世界美好，你又年青，愁甚麼呢？何必橫逆矯情，獨自走那孤絕的路呢？我若是你的師父，或甚麼禪師，必把你臭罵（恕我用這種字眼）一頓，然後趕出山門，讓你檢討與反省上面的話去。

你對還俗的遲疑，我能看得出，那是由於你不大脫得下或放得下那襲素袍之故。你放不下他，也放不下素袍，這怎麼行呢？怎麼老是有些東西放不下呢？是不是還有矜持呢？在我看來，素袍也好，袈裟也好，都算不了甚麼，只是些象徵意義而已。香港和台灣的名僧（我不說高僧），我多數都認識，却很難找到一個自己眞正尊敬的。在本質上，我覺得他們和我們這些俗人沒有甚麼不同。虛榮心、名譽心、利益慾、權力慾，他們都有。我們所沒有的，只是那襲黃光耀眼的袈裟而已。這撈什子的東西有甚麼意義呢？你若眞認定出家不是自己應走的路，便應認眞地過回世間的生活，扔掉那東西。這不是體面不體面的問題；在這裏，矜持沒有意思。佛門的師兄妹們怎樣看你的還俗，由他們吧，這是你自己的抉擇。只要你自己知道自己在做甚麼，認定應該這樣做，便成了。

「要來便來，要去便去，來去自在。」這確是禪的說法。在《六祖壇經》、《臨濟錄》、《碧岩錄》等書中，到處都可以找到類似的說法。還有說游戲三昧哩。問題在這種說法所處的層面；或更確切地說是，所謂「來去自在」，是在哪種境界下說？自在是甚麼意思？你以爲你出家是來，還俗是去，都是自己的主意，故「來去自在」。這未免不加分別，說得太快。禪的境界，須經兩重翻騰，才能達致。一般人的生活與思想，基本上都發自世俗的成見、習見，以至偏見，都隨順流俗的脚跟轉，未有眞切認識物事的眞相，也未有反省自家的生命方向。種種成見、習見與偏見，都環繞着對外在世界與自己生命的執取而成；以爲一切的一切，外在與內在，都有那甚麼恆常不變的東西存在着，因而總不免有對它趨附、癡戀和取著的傾向。生命便在這種追逐中顚倒與狂馳，而忘失了自己。這正是海德格所說的「沒有故鄉的狀態」哩。禪教人不要這樣做，不要隨順流俗的脚跟轉，不要讓心念向外狂馳，要把生命收攝回來，讓它好好認識自己。這是第一重翻騰，從流俗翻騰上來，與流俗隔絕也。

收攝生命是一種極其艱苦的實踐。當事者要暫時讓自己與外在世界隔絕開來，俾能專心認識自己，清除生命中的渣滓。在這階段中，人處於一種完全孤絕的狀態，把常識的看法與流俗的做法都否定掉，都「死掉」：否定一切相對的看法與做法，所謂「大死一番」也。這是游戲三昧中的三昧。在這階段，禪人的看法與做法多是古怪的、異乎常情的。因此禪師常有像「橋流水不流」、「倒騎牛入佛殿」一類無厘頭的說法。不過，這孤絕的狀態不是最後的。禪的終極關懷，還是這個現實的世界。三昧的工夫，畢竟要在現世發用。孤峯頂上，自有一種超逸俊朗的精采，但畢竟高處不勝寒，故還得回落到世界來，置身於十字街頭，一方面與衆生共同承擔苦難，一方面又把自家修得的境界與衆生分享。故最後還是要隨順流俗。但這並不是隨順流俗的脚跟轉，却是帶動流俗，引導他們。世俗畢竟是不能離的，但可以克服世俗的成見、習見與偏見，對一切都無執取。唯其能不執取任何一物，才能不爲任何一物所繫囿、所束縛，心靈才能恆常地保持一種活轉的狀態，應物而不滯於物。這是游戲三昧中的游戲。這是第二重翻騰，從孤絕的境地翻落到世間來，與世間打成一片也。

我以往不是和你提到禪林的一個流行的修習歷程麼？參禪的人，初看世界，見山是山，見水是水；繼而見山不是山，見水不是水；最後見山仍是山，見水仍是水。見山是山，見水是水，是流俗的看法，此中有根深蒂固的情執在，要癡戀、執取山水。見山不是山，見水不是水則是否定以至超越常識，以另外一種眼光看世界，不見山水的恆常不變的自性，只見它們如幻如化地呈現在我們的感官前，它們與自己好像沒有任何關連。最後見山仍是山，見水仍是水表示回向世間，不超離、隔絕世間，但也不爲世間的色相、相對相所迷惑而起黏滯，生命與心靈常能保持一種靈動機巧的作用，隨順世俗，而自在地運作通流。這是肯定世界而又不迷戀世界的態度。

由見山是山，見水是水到見山不是山，見水不是水是第一重翻騰；再轉入見山仍是山，見水仍是水，是第二重翻騰。來去自在只能在第二重翻騰後的境界中說。你的「來去自在」，只是第一重翻騰前的來去自在，還差得遠哩。分別在甚麼地方呢？起碼有三點可說。第一，禪的來去自在，是生命的任運流轉，動感所到處，無不順適，一切都是智慧的妙用。此中並無世俗的成見、習見與偏見，更沒有橫逆與顛倒。你的出家，卻是由癡情而來的橫逆與顛倒的結果。一個人在情方面癡了，遇到挫折，便迷失了方向，沒有招架的能力，只知向極端的做法衝將過去。實際上，自己也不知道自己在做甚麼。後果怎樣，自然也不會去想。你的出家，不正是這樣麼？怎能說是自在呢？你太執於情（愛情），執而不得，便生橫逆，甚麼意想不到的事都會做出來。

第二，修禪的人在世間的妙用，都是應機而發，生命處處都能充實飽滿，而挺立得住；機用在哪裏去表現，都能當下圓實，當下表現眞理。這即是臨濟所說的「隨處作主，立處皆眞」。生命無時無處都能作自己的主人，抉擇自己的方向，也無時無處都是眞理的呈現。這應是「來去自在」的所涵。在這個意義下，出家求孤絕的境界，實無必要，孤絕未必眞能解決問題。「安禪何必待山水，滅卻心頭火自涼」。你橫逆出家，遠離紅塵，「心頭火」卻燃燒得很哩。十年青燈古佛生涯，看來未能熄滅你心頭上的火焰，你離清涼自在的心境還很遠很遠。

第三，禪的境界，是普遍的層面，它是由個別的層面提升上來的。即是說，它所表現的妙用，或機用，並沒有私慾私念的成分；它所關心的，也超越乎個別自我的福利之上，而直指向整個衆生界的救贖的（soteriological）目標。一切妙用或機用，都是朝着這個目標而施設。故禪的情懷，是入世的和無私的。「來去自在」中的「來去」，是出入於世間，「自在」則是沒有私心，了無滯礙。你是否具有這樣的懷抱呢？你的還俗，是否沒有私心，了無滯礙呢？我看不是。你是未能忘情於他而已。這種情，是愛情，也是私情。禪自然也有情。不過這種情不是愛情，不是私情，而是超越了它們的悲情。愛情、私情都有限制，不能分與；悲情則無限制，它是由悲憫衆生的迷執與顚倒而發的普遍的、平等的情懷，要把他們的生命從沉淪中提升上來，挺立起來。

你的出家與還俗，都不是禪。是甚麼呢？我想你是紅塵緣未了。你是一個好人，心地善良，未犯罪過，却要承受十年的淒苦生涯。這是很難解釋的。在佛教來說，大抵是你的宿業所致，這是業的懲罰(karmaic retribution)。

無論如何，你已作出一個莊嚴的抉擇，我眞替你高興。就主觀來說，我並不喜歡叫你做法師，我還是喜歡叫你小冬，像十年前那樣。「小冬」比甚麼法師親切得多了。

人生有很多挫折。你重新要走的愛情之路，也不一定是坦途，愛情不一定能保證幸福。不過，這都不要緊。你若倒了下去，只要能掙扎站起來，挺直腰板，更堅強地向前行，便成了。

不管你走到哪裏，總有一顆關切的靈魂在向你祝福。

願你

吉祥如意

吳汝鈞 和南

一九九〇年耶誕

G

H

I

J

K

L

M

N

O

英文索引

A

B

C

D

E

F

二十二劃

二十三劃

二十四劃

十七劃

十八劃

十九劃

二十劃

二十一劃

十三劃

十四劃

十五劃

十六劃

十二劃

十　劃

十一劃

八　劃

九　劃

六　劃

七　劃

四　劃

五　劃

中文索引

一　劃

二　劃

三　劃

國立中央圖書館出版品預行編目資料

游戲三昧：禪的實踐與終極關懷／吳汝鈞著.--初版.
--臺北市：臺灣學生，民82
面；　公分.--(宗教叢刊；13)
含索引
ISBN 957-15-0486-6 (精裝).--ISBN 957-15
-0487-4 (平裝)

1.禪宗

226.6　　82000535

游戲三昧：禪的實踐與終極關懷

著作者：吳汝鈞
出版者：臺灣學生書局
發行人：丁文治
發行所：臺灣學生書局
臺北市和平東路一段一九八號
郵政劃撥帳號〇〇〇二四六六八號
電話：三六三四一五六・三六三一〇九七
傳眞：（〇二）三六三六三三四
本書局登記證字號：行政院新聞局局版臺業字第一一〇〇號
印刷所：淵明印刷廠
地址：永和市成功路一段43巷五號
電話：九二八七一四五
香港總經銷：藝文圖書公司
地址：九龍偉業街九十九號連順大廈五字樓及七字樓
電話：七九五九五九五

定價　精裝新臺幣二六〇元　平裝新臺幣二〇〇元

中華民國八十二年二月初版

22008

ISBN 957-15-0486-6 (精裝)
ISBN 957-15-0487-4 (平裝)

臺灣學生書局出版

宗教叢刊

①嘉祥吉藏學說	廖明活	著
②莊子宗教與神話	杜而未	著
③中國善書與宗教	鄭志明	著
④明代三一教主研究	鄭志明	著
⑤明末中國佛教之研究	釋聖嚴 著 關世謙 譯	
⑥唐代的比丘尼	李玉珍	著
⑦西域與佛教文史論集	許章眞	譯
⑧中國社會與宗教	鄭志明	著
⑨漢代的相人術	祝平一	著
⑩宗教與文化	鄭志明	編
⑪中國民間諸神	呂宗力 欒保群	編
⑫中國文學與宗教	鄭志明	著
⑬游戲三昧：禪的世界與終極關懷	吳汝鈞	著
⑭中國意識與宗教	鄭志明	著